知识生产的原创基地
BASE FOR ORIGINAL CREATIVE CONTENT

图书在版编目（CIP）数据

时间的陷阱 /（美）杨定一著 . -- 北京 : 华龄出版社 , 2021.8

ISBN 978-7-5169-2008-4

Ⅰ . ①时… Ⅱ . ①杨… Ⅲ . ①科学哲学—普及读物 Ⅳ . ① N02-49

中国版本图书馆 CIP 数据核字 (2021) 第 184155 号

北京市版权局著作权合同登记号　图字：01-2021-2844 号

策划编辑　颉腾文化　**责任印制**　李未圻

责任编辑　董　巍　郑建军　**封面设计**　卢峻嵘

书　名　时间的陷阱　**作　者**　[美] 杨定一

编　者　陈梦怡　**插　画**　施智腾（Simon）

出　版
发　行　华龄出版社 HUALING PRESS

社　址　北京市东城区安定门外大街甲 57 号　**邮　编**　100011

发　行　（010）58122255　**传　真**　（010）84049572

承　印　文畅阁印刷有限公司

版　次　2022 年 1 月第 1 版　**印　次**　2022 年 2 月第 2 次印刷

规　格　640mm x 910mm　**开　本**　1/16

印　张　14　**字　数**　179 千字

书　号　978-7-5169-2008-4

定　价　69.00 元

前 言

回头看，我有时会认为“全部生命系列”的作品，跟我个人一点都不相关。甚至，有时候，这些作品是“谁”写的，我自己也不清楚。

因为自己中文水平有限，这些作品都是以口述传达的。传达完了，也就忘记了，不会再特意去回顾。在写书的过程中，一开始要写什么、接着要写什么，我也没有去规划。只是让它们透过我，自然完成它们自己。

每一本书，其实都有一个临时的触发，引起我不知不觉让一本书流出来。比如写《集体的失忆》，是好多年前有一本《时间的终结》（*End of Time*）引起我对这个观念有不同的看法——甚至，是颠倒的看法，才有动机想分享。

这本《时间的陷阱》（*Trapped in Time*），也是如此。

写这本书时，我人在台湾地区。一位之前的学生，现在已经是美国一位资深的教授、科学家，他刚好也来台湾地区。没想到，距离上次和他坐下来谈一转眼已经两年了，我也特别空出时间来陪他。

谈话中，他跟我分享最近读的书。有些和灵性有关，有些当然是比较深入的科学。其中一本书，谈的是人类历史的发展。

我问他，他特别注意到哪些重点？一个引起他注意的段落是：我们现代人（*Homo sapiens*，智人）并不是地球唯一的人种，但是只有智人不光至今还存活，更主宰了整个地球。能成为地球的主宰，是因为只有人类有联结的能力，可以团结而造出社会、国家、民族、机构，甚至再透过记录的传达（历史），不断地把个人的经验转成一个集体的知识。

我很耐心地听完这位学生的简介，最多只是简单评论。

从我个人的体会来说，人类之所以能成功生存，甚至还可以压倒性地占领地球，其实只有一个特色，简单讲，就是“时间”——时间的观念。

只有人，有时间的观念。

如果没有时间的观念，就连空间的观念都没有。

人类是在演化的过程中突然把时间的观念拉长，才有后面的发展。时间，是我们珍贵的工具，只是后来变成我们的绊脚石，带来数不完的烦恼和忧郁。

是透过时间，我们才会加快生活的步调，而加速失去了均衡。

是透过时间，我们才愈来愈不愉快，并且把个人的不愉快变成整体的不愉快。甚至，让地球的其他生命也不愉快。

是透过时间，我们可能有一天会消灭地球。

是透过时间，这样的命运才变得无法避免。

是透过时间，加上完整的文明，再加上记录和历史，人类才进入集体的失忆——把最简单的一体、真实变成一个由头脑虚拟出来的现实。最后，把自己困住。

一个人要跳出种种困境，最多也只是打破时间的观念。

我这位之前的学生听了很惊讶，因为跟他的理解又刚刚好是颠倒的。也正因为跟一般的观念完全不同，甚至相反，我才趁这个机会透过这本书把个人的体验和看法分享出来。

由于我需要打破一般人对时间的认知，即使这本书不会集中在科学层面，但我还是有必要从物理学的角度先汇总现代人对时间的理解。这样，我们至少可以从同一个基础开始。不过，这方面的科学素材相当丰富，就连用一整本书来表达可能都不够，我在这里最多只能挑选几个重点来代表现代物理学界的时间观。假如步调太快让你看不懂，你也不需要担心，毕竟这本书的重点是在于个人心理体验的层面。

最有趣的是，你最后也会发现，心理层面和物理层面的时间其实是同一件事，是分不开的。我相当有把握，我在这里所讲的，是每个人都可以亲自去体验的。甚至，你并不需要完全相信我在这里所表达的，最多是亲自去验证，找出你自己的答案。

说到底，我这里想表达的观念还是跟“全部生命系列”分不开，但愿能为你带来一个基础——不只是不同以往，更希望能成为一个解答生命的工具。

目 录

01
时间不是绝对的 / 001

02
时间中的“非时间” / 009

03
时间带来的重担 / 025

04
时间的悖论 / 030

05
时间离不开“动”或运动 / 036

06
念相，离不开时间 / 039

07
时间，是相对；非时间，是绝对 / 042

08
相对世界里的时间 / 045

09
时间，是神经架构出来的 / 050

10
所有知识，都是时间的产物 / 054

11
没有时间，也不可能有“想” / 060

12
难道显化出来的宇宙就是我们的一切吗 / 064

13
相反的手法 / 073

14
一切是注定的吗 / 077

15
业力、因果，离不开时间 082

16
时间的箭头 / 089

17
量子眼中的时间 / 093

18
时间，让人之所以为人 / 102

19
当下，不是过去和未来的对称 / 106

20
在非时间的永恒，没有过去未来，还可以运作吗 / 114

21
困在时间，一个人永远不会快乐 / 118

22
只有在“非时间”的永恒，在·觉·乐才会浮出来 / 122

23
非时间的永恒，真的存在吗 / 125

24
放过身体，让它自己存在 / 128

25
任何练习，还是离不开时间，离不开“我” / 134

26
时间是一个“瘾” / 138

27
没有最完美的时机 / 144

28
没有时间，没有恐惧 / 149

29
与非时间的永恒接轨 / 156

30
没有时间，没有意义 / 165

31
我们行为的惯性，是时间带来的产物 / 171

32
什么都不期待 / 177

33
跨越时间 / 182

34
没有目的地，没有旅程 / 188

35
时间到了 / 197

36
真有“未来的人”吗 / 205

37
随时在非时间的永恒 / 210

结　语 / 213

01

时间不是绝对的

Time Is Not Absolute

我们从小到大都离不开时间的运作，就连小孩子只要开始懂事，自然懂得昨天、今天、明天的分别，也自然知道是透过时间才会长大成人，甚至变老。

无论从个人的体验还是在客观的层面，时间自然变成一个最普遍的常数，并跟我们的生命分不开。但是很少人会想到，时间其实一点都不是绝对的、不是固定的。就连在相对的范围内，时间也不是绝对的、不是固定不变的。

时间，本身是一个相对的观念。

物理学家懂得这一点，已经超过百年。爱因斯坦 1905 年发表狭义相对论（special relativity）时还只是 26 岁的瑞士专利局职员，接着在 1907 年至 1915 年间，他继续发展广义相对论。突然之间，物理学家对时间的认知已完全改观。

爱因斯坦提出了相对时间、比较时间的观念。举例来说，如果一个人在火箭上移动的速度非常快，几乎跟光一样快，而另一个人待在地球上。那么，这两个人的时间是完全不同的。

读到这里，你或许会以为只是主观的时间感不同。但这里所要表达的是：就连他们戴在手上的表所走的时间也不同。也就是说，就连由钟表测量的物理层面的时间都会得出不同的数字。在火箭上的人，他所量到的时间比较慢。而留在地球上的朋友，他的时间过得比较快。

不光如此，爱因斯坦在广义相对论又进一步提出：即使两个人都是静止不动的，例如一个人在地球的海平面，另一个人在海拔相当高的地方（像是圣母峰），两个人看到的表的时间也会不同。海拔高的人，看到的时间会比较快；在地面上的人，他的表会走得比较慢。当然，地表高度的差异有限，这种高度带来的时间差异还是很微小的，我们一般注意不到。但是假如高度差更大，这种差别就会更明显。他的这一点预测，后来也得到了验证。

时间不是固定不变的。这个观念，一般人很难想象，毕竟和我们的生活经验很不一样。你可能还记得我在《不合理的快乐》提过荷兰科学家克里斯蒂安·惠更斯（Christiaan Huygens）。他发现了钟摆共振的现象：类似这张图所表达的，原本各自独立摆动的单摆，经过一段时间摆动自然会同步。我们如果不仔细观察，也就很难想象：隔着空间，没有接触到，竟然也能够透过共振而影响其他物体的运动。同样，在同一个场有很多力量在互动，时间离不开这些力量的互动。这些力量的互动可能影响物理时间的快慢，只是我们一般认定时间是绝对的、固定不变的，并不会这么去理解，也就变得不懂了。

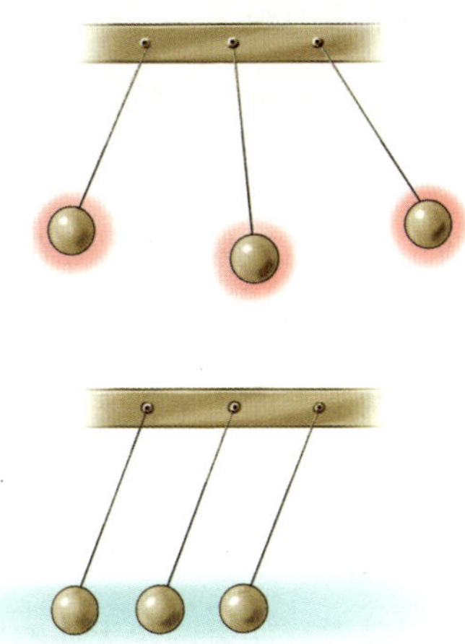

想想，很有意思，我们受到感官的限制，只能体会到空间的三个维度，最多再用头脑投射出四维的时—空（空间的三维，再加上时间的维度），这让我们虽然活在一个四维时—空，却不能直观理解这个四维的范围。

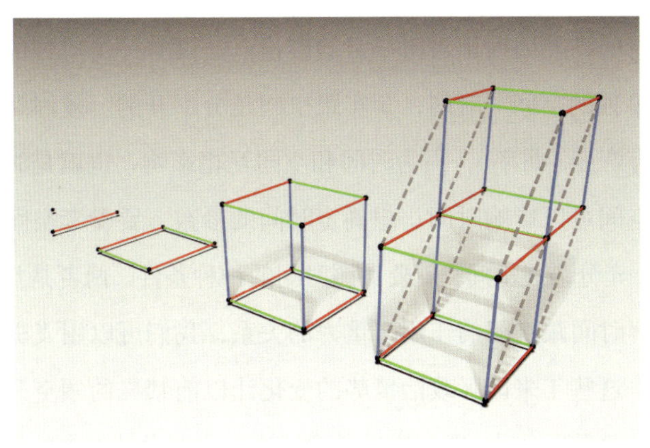

透过思考实验（thought experiment），爱因斯坦推翻了当代的时间观。从此，物理学家再也不认为时间是绝对的、固定不变的存在。当然，爱因斯坦发现的不只这些。透过广义相对论对时—空的讨论，他还改写了牛顿的重力观念。

三百年前，牛顿提出万有引力的观念，将天体间的吸引力很清晰地做了数学的描述——两个天体间的吸引力与两个天体质量相乘成正比，同时与两者距离的平方成反比（$F=G\cdot Mm/D^2$）。

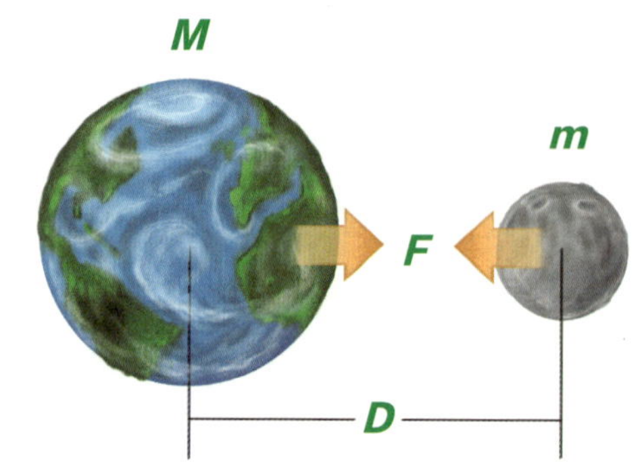

也就是说，如果两个天体的质量不变，将它们的距离拉长一倍，它们之间的吸引力就只剩原本的 1/4。

这些吸引力很容易测量，是大家可以验证的。于是，接下来的几百年，物理学家都希望可以找到一个单一的粒子或原因来解释重力的存在。然而，爱因斯坦在广义相对论提出，重力和其他作用力不一样——不需要透过粒子来组合，完全可以从另外一个角度解释。

我们先回到爱因斯坦对时—空的推论——没有一个单独的时间，也没有一个单独的空间。时间，其实跟空间是分不开的。爱因斯坦认为四维时—空有弯度（曲率），因为时间和空间互相影响，也就是时间可以影响空间、空间可以影响时间。想确定时间的参数，要参考空间；反过来也一样，要充分描述空间，就要参照时间的种种条件。两者是几面一体。

要了解时间跟空间的作用与重力的关系，我们可以用飞机航线来做一个比喻：这些年来国际政治情势的变化让以前禁飞的领空开放了，再加上飞机速度不断提升，现在透过考虑气流变化而设计出来的最短路径，让原本超过二十小时的航程可以压缩到十三小时。

如果我们从美国新泽西州飞到中国台北，坐在飞机上，看着小屏幕的平面航线图，我们可能会想质问机长：明明两点间最短的距离是直线，对着台北斜斜地往西南方飞就可以了，为什么还要先往北飞，再往下走？是不是机长在打瞌睡？还是喝了不该喝的东西？

我们都没有想到，就是因为地球在自转，所以航线的设计老早就考虑进去了。也就是地球本身并不是静止不动的，尽管我们平常不会体会到。

此外，我们都知道，在平面上两点间最短的路径是直线。然而，如果两点在一个球面上，它们沿着球面最短路径的曲线（geodesics）又会是什么样子？只要我们把三维空间摊平，自然会发现原本平顺的经纬线断裂，尤其在高纬度区断裂更是明显。从球面看来最短的飞行航线，平摊在纸上会变成曲折的路线，如果经过高纬度的极圈，路线甚至是断裂的。

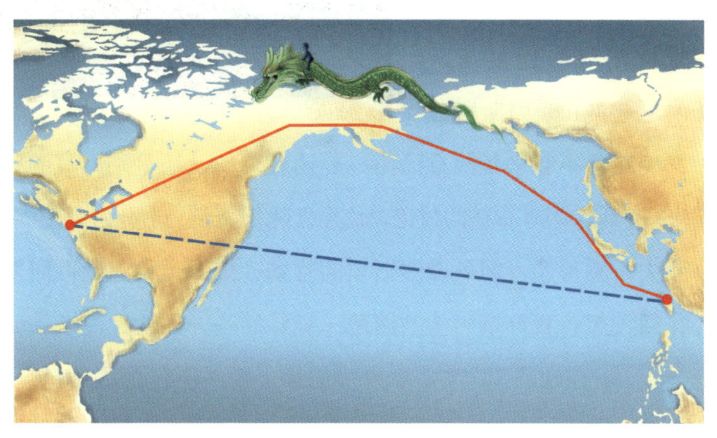

前面的例子，是透过航线的实例让我们体会三维空间的最短距离很可能跟我们在二维平面的直觉完全不同。时一空也是如此。时间和空间的互动，是我们平常很难想象的。爱因斯坦也大胆提出，地球的转动在四维时一空中是最短的距离，但是将四维时一空压成三维空间，反而会让我们感觉到重力的运作。

他进一步推测，重力和其他三个基本作用力（电磁力、原子核内强作用力、原子核内弱作用力）完全不同，不能用这三个基本作用力来解释重力。确实，这三个基本作用力有吸引，也有排斥，可以解释一个原子为什么守得住电子、中子、质子，并让它们不会散开。然而，重力只会吸引。光是这个特质，就和三个基本作用力完全不同。不只如此，量子力学可以完全解释三个基本作用力，却对重力束手无策。所以，爱因斯坦还是对的。

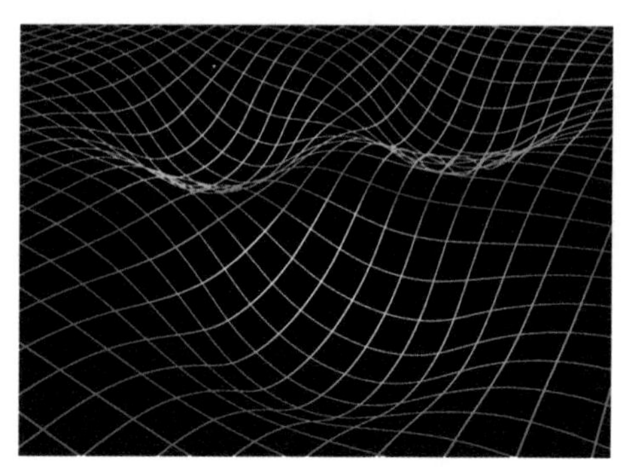

回来谈四维时—空。时—空不但有弯度，在许多局部的区域，这个弯度可能更大或更小而造出一些意外的现象。接下来，我会再说明。

我记得小时候还不到八岁，就读过一本和爱因斯坦有关的书，现在想不起来是他自己为一般读者写的，还是别人写的科普书籍。当时，读到这些时—空的讨论，我几天睡不着觉，十分敬佩爱因斯坦。我也自然去折腾母亲，问她爱因斯坦的背景，想知道他怎么可能发现这些。现在回头想，我母亲当然不清楚。奇妙的是，虽然她说了什么我已经不记得了，但是她的说法对一个八岁的孩子应该很有说服力。接下来，我再也没有继续烦她爱因斯坦的问题了。

尽管如此，我总认为少了什么。假如重力是时—空弯曲或某个法则的结果，而天体自然会彼此吸引，那么，这个宇宙不会垮掉吗？宇宙本身，又是怎么来的？为什么不去谈它可能有结束的一天？

我仔细观察，爱因斯坦和西方早期的哲学家、科学家一样，始终带着静态宇宙的观念。当然，不是完全一模一样。早期的静态宇宙观点还认为这个宇宙是以地球为中心，尤其在西方基督宗教的影响下，理所当然认为宇宙以人类为中心、一切星球都围绕着地球转。

然而，不同的想法也出现得相当早。希腊哲学家苏格拉底的徒孙亚里士多德（Aristotle，前 384—前 322）还认定地球是宇宙的中心，但在他之后不到百年，另外一位天文学家阿里斯塔克斯（Aristarkhos，前 310—前 230）就主张并不是日月星辰绕着地球转，而是地球和其他星辰一起绕着太阳转。

一千七百年后，哥白尼（Copernicus，1473—1543）再次提出地球绕着太阳转的观点。又过了半个世纪，克卜勒和伽利略终于得出证据，证实了哥白尼的理论。

又过了一百多年，牛顿在有名的《自然哲学的数学原理》（*Philosophiæ Naturalis Principia Mathematica*）提出了万有引力定律与后来以他为名的三个运动定律，就此统一了地表和天上的力学。到这个时候，欧洲科学界才普遍接受了以太阳为中心的宇宙观。顺带一提，牛顿当时也顺便创出了微积分，让日后众多为了考大学而熬夜的学生从此对数学有着挥之不去的恐惧。

牛顿提出了重力的定律——解释了苹果为什么会掉下来，但他依旧认为宇宙是静态的。他似乎没有想过，如果天体间的吸引力那么大，为什么宇宙不会塌陷，不会缩成一团？

虽然爱因斯坦改写了牛顿的重力理论，他和牛顿一样认定宇宙是静态的、是不变的。很有意思的是，他在广义相对论的演算发现式子的等号两边无法平衡，于是又带出宇宙常数（cosmological constant），提供一个相反的力量让宇宙回到平衡。这个力量对他而言是“反重力的力”，而且这个常数要相当大，才能保持宇宙不会塌陷。然而，即使要加上这么大的一个常数来调整，爱因斯坦依旧不认为宇宙是动态的，事后还坚持宇宙常数是他在学术上的“失误”。

多年后，天文学家透过观测发现宇宙不光在膨胀，而且膨胀得愈来愈快。其中很有名的专家就是哈勃（Edwin Powell Hubble，1889—1953），后来美国太空总署的哈伯太空望远镜也以他为名。尽管天体间有吸引的作用，但宇宙膨胀的速度和力量看来还是远大于任何吸引力。

后来，科学家无可奈何导入“暗物质”（dark matter）的观念，只是虽然暗物质的重力比任何物质都更大，但还是无法解释宇宙膨胀的速度。科学家必须再导入“暗能量”（dark energy）的观念，才勉强可以解释宇宙在膨胀的事实。

很有意思的是，爱因斯坦自认为的失误其实在另一个层面可能是正确的。他的式子当时已经指出“宇宙在扩张”的现象，只是因为不符合他个人的信念而被忽略了。

说到底，这也是一种制约——被自己的信念所制约。

02

时间中的“非时间”

Timelessness Within Time

假如读完前一章满满的物理学，你还没有被吓跑，我最多只能恭喜你——你可能对相对论有一种直觉的理解。尽管距爱因斯坦提出相对论已经有百年之久，但遗憾的是，似乎很少人有直观的理解，更别说体会到相对论和生活的关系。

希望你还记得，时间，才是这本书的主题。既然科学家发现宇宙在膨胀，而且没有停过，当然也会好奇，想从膨胀的速度回推它什么时候开始膨胀。

目前公认的答案是将近一百四十亿年前。无论从宇宙的哪一个角落都可以回推到同一个点，就好像一切的一切是从这个点发展出来的。这个点，我个人把它称为原爆点（ground zero）或零点（zero point）。

聪明的科学家，当然会想问——那么，在这个点之前，是什么？

也就自然得到一个不可思议的答案——在这个点之前，什么都没有。

对我们而言，这个答案太不可思议了。现代的科学家就像这张图里的人，看着宇宙，不仅体会到这个宇宙正在继续扩大，而且竟然是从什么都没有里冒出来的，这怎么可能呢？

这个答案，你可能认为太哲学了。让我反过来，用数理的方式表达。

这个点，如果以物质的质量来衡量，密度应该是无限大的，时间也只能是无限大，可以说——还没有时间，或者时间是永恒的。用爱因斯坦的广义相对论来说，也就是时—空的弯度无限大。弯度大到一个地步，这个时—空就会卷成比一个点还小。小到一个地步，时间也就自然停滞了。

最有意思的是，从任何角度看，这个点怎么看都是一个意外的点。比如说，温度应该是无限高、无限烫的。后来，也有人称为奇点(singularity)。从我个人的角度，最多是称它为“绝对”（尽管“绝对”不是任何时—空、语言的领域可以描述、解释的）。

无论如何，对科学家来说，这个奇点自然成为宇宙的出发点。既然它的能量无限大，要化出来一个有限的宇宙，一定是透过一个突然的转变。后来的人，把这个突然的转变称为“大爆炸”（ Big Bang ）。

大爆炸发生的速度快到一个惊人的地步，后来的科学家计算出来，温度从几百万 K（绝对温度的单位）大幅下降（虽然从我们的角度，还是不可思议的高温），这个过程也只是几秒内的事，速度和能量也是一样地急速下降。

我们用下页的图做一个简单的表达：图的中央是大爆炸发生的时点，垂直的轴代表时间。一般认为，在大爆炸发生后几小时内，能量已经凝结出物质。从什么都没有，先有了氢，然后是氦，接下来再成立周期表的其他元素。有核融合反应的点，自然变成恒星。外围没有核融合反应的点，变成行星，围着它运转。

接下来，不晓得经过多少亿年，恒星慢慢地冷却下来。这样，一个完整的宇宙也就形成了。

也就是说，在某个时间点（大爆炸）宇宙才爆发开来。爆发前，其实没有时间的观念。或者反过来说，时间在当时是永恒的。

最早最早的一开始，也就是一百四十亿年前才刚爆发时，那时候的时间还很长。因为，在爆发的初期，这个曲线的奇点非常小，空间的尺寸很小。相对的，时间就显得很长，仿佛是永恒。也就是说，没有什么东西叫“时间”的观念。最多是“非时间”，我们可以称为永恒。

是透过大爆炸，非时间的永恒突然落到一个局限的范围，就像是速度慢下来让我们透过五官有一种时间的体验。同时，宇宙的空间好像一直在快速扩张，有一个空间（宇宙）可谈。

这个大爆炸的理论，现代的物理学家几乎都可以接受。它基本上已经包含“绝对”的观念——还没有成立这个宇宙前，时间是无限大的、是永恒的，甚至可以说没有时间的观念可谈，是大爆炸之后，才有物质，才有了我们看得到的宇宙，才突然冒出来一个局限，出现时间的观念。

时间，最多只是在一个局限的范围才可能运作。时间的观念离不开我们的认知，也离不开人类的观察，更离不开人设计出来的设备的观测。所以，时间本身是一个相对的观念。

物理学家计算出来，星球的初始能量愈大，燃烧的核反应愈剧烈，也就愈早消失。举例来说，一开始爆发能量愈大的，可能几亿年甚至更早就结束了。至于我们的太阳，大约四十六亿年前生成，差不多还可以再存在五十亿年。

这些恒星是透过热能才会膨胀而可以和重力向内的吸引力抗衡。如果热反应消失，也就自然会塌陷，到最后不光是把自己吞掉，甚至把外围任何物质都吞掉。这就是物理学家后来所称的“黑洞”（black hole）。

喜欢看科幻片的人，一定都看过电影里对黑洞的各种想象。有些认为黑洞会吞噬一切，也有些剧本把黑洞当作一种充满未知体验的可能。就像下页这张图夸大的表达——这个人在想象黑洞是怎么回事：如果把手伸进去，无限大的重力会把我的手拉断吗？还是会让我进入另一个世界呢？

很有意思的是，黑洞和大爆炸一样都是奇点。黑洞里，重力是无限大的，时—空的弯度是无限大的，而时间是永恒的。现代的物理学家认为，黑洞本身也在帮助这个宇宙不会消失得那么快，而且几乎每个星系都有黑洞。光是我们的银河系正中央，现在估计就有几万个这样的奇点。

黑洞和大爆炸这些奇点，为物理学家带来了没办法解答的两难或悖论。两难，是因为“奇点”虽然可以清晰解释相当多的现象，却满足不了物理和数学理论所讲究的连续性。一般而言，只要定出一个范围的条件（边界条件，boundary condition），在这个范围内都自然有一种连续性，让科学家可以用各式各样的数学或物理原则来预测它的变化。

有了奇点，无论大爆炸还是黑洞，突然之间，所有已知的物理定律都被打破。也就是说，这个奇点的范围不只是无法适用任何物理定律，就连宇宙、物质、时—空都没有。很有意思的是，奇点本来是用来解释宇宙怎么来、怎么结束的，但是，一进入奇点，这个问题——宇宙怎么来的，根本就不存在。

当然，也有物理学家不断在找一个没有边界条件的理论——没有一个出发点、没有一个突然的变化、不会带来无限大和局限之间的断裂。这样，这个理论才是圆满的，自己就足以独自成立（self-standing）。只是，到目前为止还没有找到这样的理论。

无论是解释最小范围的量子物理，还是能解释天体运行的牛顿力学，甚至包括爱因斯坦的广义相对论，都没有办法找到一个能满足连续性的参数来描述这个宇宙。

谈这些，表面看来好像跟我们日常的生活不相关。但我们仔细观察，其实到处都有边界条件。

比如说，在爱因斯坦的理论中，光速就是一个边界条件。速度愈高，

甚至接近光速，时—空的弯度就愈大，时间几乎已经变成永恒。假如时间逼近了永恒，可不可能达到比光速更高的速度？如果可以，会造出一个时间的悖论，因为不可能比永恒更永恒。

除此之外，爱因斯坦的质能转换公式 $E=mc^2$ 指出，一个粒子的速度愈高，甚至接近光的速度，就需要耗费不可思议大的能量才能维持它的动能（kinetic energy）。

美国芝加哥的费米实验室或瑞士日内瓦的欧洲核子研究中心（CERN，右下照片中的球状建筑物是 CERN 科学创新大楼，大强子对撞机就在里面，而建筑前方的金属雕塑刻满了物理学家的重要公式和名言，象征了浓缩的量子物理发展史），有好多物理学家透过高能量的加速器，去加快粒子的速度，希望可以发现更小、更基本的粒子，能进一步对宇宙的结构做一个解释。

然而，这种加速所耗的能量相当大。再怎么加速，也很难让粒子达到光的速度。就好像光的速度，对四维时—空的世界是一个门槛，我们跳不过去。

相信你也听过，透过质能转换公式 $E=mc^2$ 的计算，1 克的质量可以转化为接近两千五百万度电的能量（可以支持五万个家庭夏天一整个月的用电）。当年为了终结第二次世界大战而落在长崎和广岛的原子弹，就可以用这个公式来解释它的威力。

这两个实例都一样把光速当作边界条件，只是看这个公式的角度不同：粒子物理学家是用能量去处理物质；而原子弹的应用

是从物质去挖掘能量。

有意思的是，我很早就意识到，透过光速导出来的这个公式，好像反而让我们限制在自己看得到的“光世界”。$E=mc^2$ 似乎在表达：只要超过我们所见的物质或质量以及从中转化出来的能量，就没有其他的物质或能量可谈。然而，我从小体会到的并非如此。

对我而言，不应该有这样的边界条件的限制。后来看到物理学家延伸出暗物质、暗能量的观念来解释宇宙的平衡，我也就会觉得这样才合理。这类“暗”的物质与能量并不在 $E=mc^2$ 涵盖的范围内，可以说是远远大于我们看得到的物质和能量。后来的人，也从中衍生出“零点能量”（zero point energy）的观念。

我还很小的时候就知道，$E=mc^2$ 把光速当作边界条件，还会带来另一种限制——让人类在有生之年都不可能完成星际旅行。因为距离实在太远，光是我们的太阳系离银河中心就有两万七千光年，从银河系到最近的人马座矮椭球星系（Sagittarius dwarf galaxy）也有七万光年的距离。其他的星系甚至是上百万、千万、亿光年那么遥远。

不只如此，假如光速是没办法超过的边界条件，那么，时光旅行也是不可能的。不可能去未来，也不可能回到过去。我当时还是一个小孩子，认为这都应该可能，也总觉得爱因斯坦的式子好像少了什么。

从理论继续走下去，自然会得出这样的结论：宇宙其实不是平顺的，不光时—空有弯度，在一些范围内甚至有很大的皱褶。这些皱褶其实带来一个快捷方式，后来有人称为“虫洞”（wormhole）。

如果我们想从东南亚到欧洲，最短的路径应该是攀上几千米高的喜马拉雅山。但是，如果像下两页的图，一个人突然发现一个山谷，他也就找到一个直达的快捷方式，不需要费力攻顶再冒险下山。

也就是说，如果我们利用这些时—空的皱褶，跟这个四维的时—空“作弊”，不光可以省掉许多冤枉路，甚至可以打破时间的观念。这样一来，星际旅行和时光旅行还是有可能的。

讲到宇宙的皱褶，我记得年轻时，在巴西常常帮同学补习准备大学考试。只要用图来表示这个宇宙，我自然会用一张小孩的脸来表达。就像下面这张图所画的，小孩的脸不断地变老、不断地膨大。而且，这张脸一点都不光滑，布满了很深的皱纹。我用皱纹是表达局部的时—空曲率特别大，时—空在这里并不是均匀的，可能有黑洞，也可能带来快捷方式。

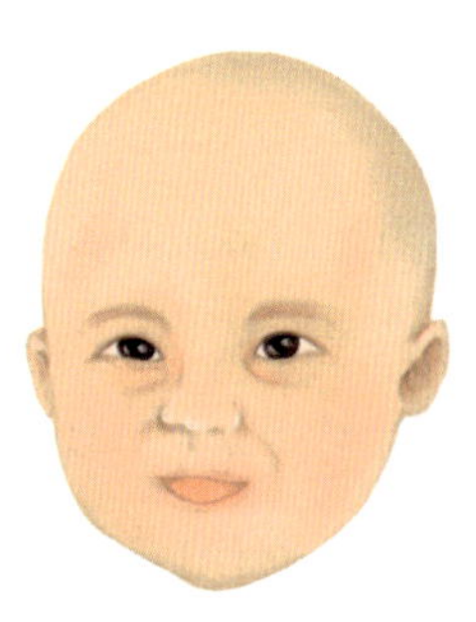

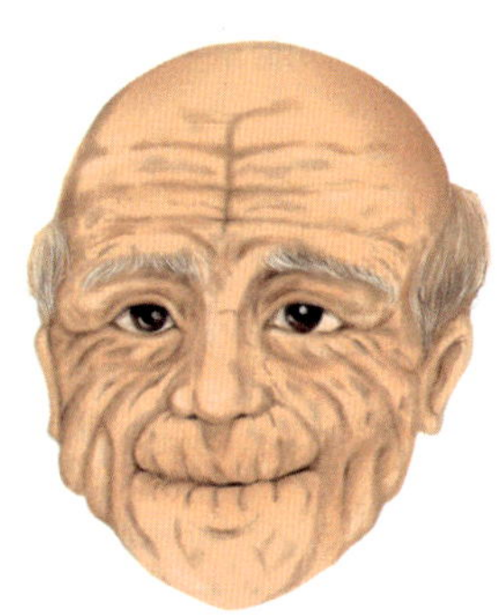

读到这里，也许你会觉得太科幻。但是，这些描述从物理学来说是有凭有据的，并不是幻想。现实生活中的物理学家因为受到时—空的限制，想出来的理论有时候甚至比科幻小说更离奇。

比如说，量子力学认为没有一种东西叫作单纯的粒子或单纯的波。有时候，一个电子竟然有波的性质；反过来，有时候光也有粒子的性质。这叫作“波粒二象性”，完全看你怎么去观察。

不光这样，站在量子力学的角度，一个粒子只要小到某一个地步，我们就没办法完全描述它。假如要定出它的速度，那它的位置就自然不清楚。换个角度，如果它的位置清楚，速度就没办法决定了。这个现象是当年才 26 岁的德国量子物理学家海森堡（Werner Heisenberg，1901—1976）

提出来的，后来被称为测不准原理（Uncertainty Principle）。

一般来说，一个粒子只要小于纳米的尺寸，好像量子的特性也逐渐浮出来，各种性质都不再完全适用大尺寸的物理原则来解释。就好像任何事件，在一个很小的尺度范围，都不允许我们肯定地去预测，最多只能捕捉到一种可能性。在量子的世界，每个瞬间最多都只是一个可能。至于实际所发生的，也只是其中一个可能浮了出来。

海森堡在 31 岁时得到诺贝尔物理学奖。来年，1933 年，诺贝尔物理学奖颁给奥地利的薛定谔（Erwin Schrödinger，1887—1961）和英国的迪拉克（Paul Dirac，1902—1984），一样是为了表扬他们在量子物理领域的贡献。

薛定谔和海森堡都是量子物理学家，薛定谔年纪比海森堡略长，得到诺贝尔奖时已经 46 岁了，成熟度也不太相同。薛定谔 57 岁时出版了一本《生命是什么？》（*What is Life?*），1962 年诺贝尔奖得主华生与克里克（因 1953 年解开 DNA 双股螺旋结构而获奖）都提到薛定谔这本书对他们有很大的启发。

薛定谔想探讨一个问题——量子世界的原则可以拿来解释现实世界吗？

后来他用“薛定谔的猫”的悖论来说明这两种物理原则的矛盾：把猫锁在一个带有毒气瓶的箱子里，假设毒气瓶会不会破完全看粒子的量子状态来决定，如果将箱子密封，在没有观察的状况下，粒子的量子状态是两者都可能。也就是说毒气瓶可能破了，也可能还好好的；箱子里的猫既是死的，也是活的。

这种描述已经够不可思议了，但是它无法解答现实——箱子打开时，这只猫会是死的还是活的？

当然，这个悖论其实也就反映了：就连物理学家自己都很难用量子力学去理解现实世界的运作。不但如此，透过量子力学，也很难理解奇点。

或者我们应该这么说，在非时间的状态下，很难探讨测不准原理的现象。

这些理论已经够违反直觉了，但物理学家还可以推演出更复杂的理论。也许你听过，物理学界近几十年来很多人投入“弦理论”（string theory）。也就是说，粒子和粒子不是各自独立存在的，而是好像有绳子（弦）把它们连起来。就像这张图所表达的，某个角落的一根绳子，可以影响到任何其他的角落。这样的模型可以解释很近的作用力，也可以解释很远的作用力。

弦理论还有一个奥妙：如果要让弦理论成立，我们必须接受这个四维的时—空只是宇宙很小的一部分。按照弦理论，可能需要十维、十一维或二十六维的时—空才足以描述这个宇宙。

我常常笑，人类就是这么可爱，凡是不能解释的，就再加一个维度来解释。到最后，这么多的维度不但远远超过人类五个感官所能体会的，也超过脑可以想象、描绘的范围。

物理学家会费那么大的力气，想出这么复杂的理论来解释真实，正是因为人类受到自己觉察的限制，必须借助其他工具或是范围，对物理学家来说才够清楚。然而，正因为是我们看不到的范围，也就很难透过我们的五官去验证是对还是错。

和这些理论相比，相信你会同意，前面谈的时光旅行其实不算太复杂，至少不能说它不可能。

回到时间的主题——在物理学的角度，时间已经失去了绝对的地位。而物理学家也老早透过奇点的理论，接受了“非时间”的观念。时间，只在我们看得到的、显化出来的世界才有意义。但是，即使是在这个显化出来的世界，非时间的观念也一样随时都有、随时都存在。不光在大爆炸前有，在任何奇点、任何黑洞都有。

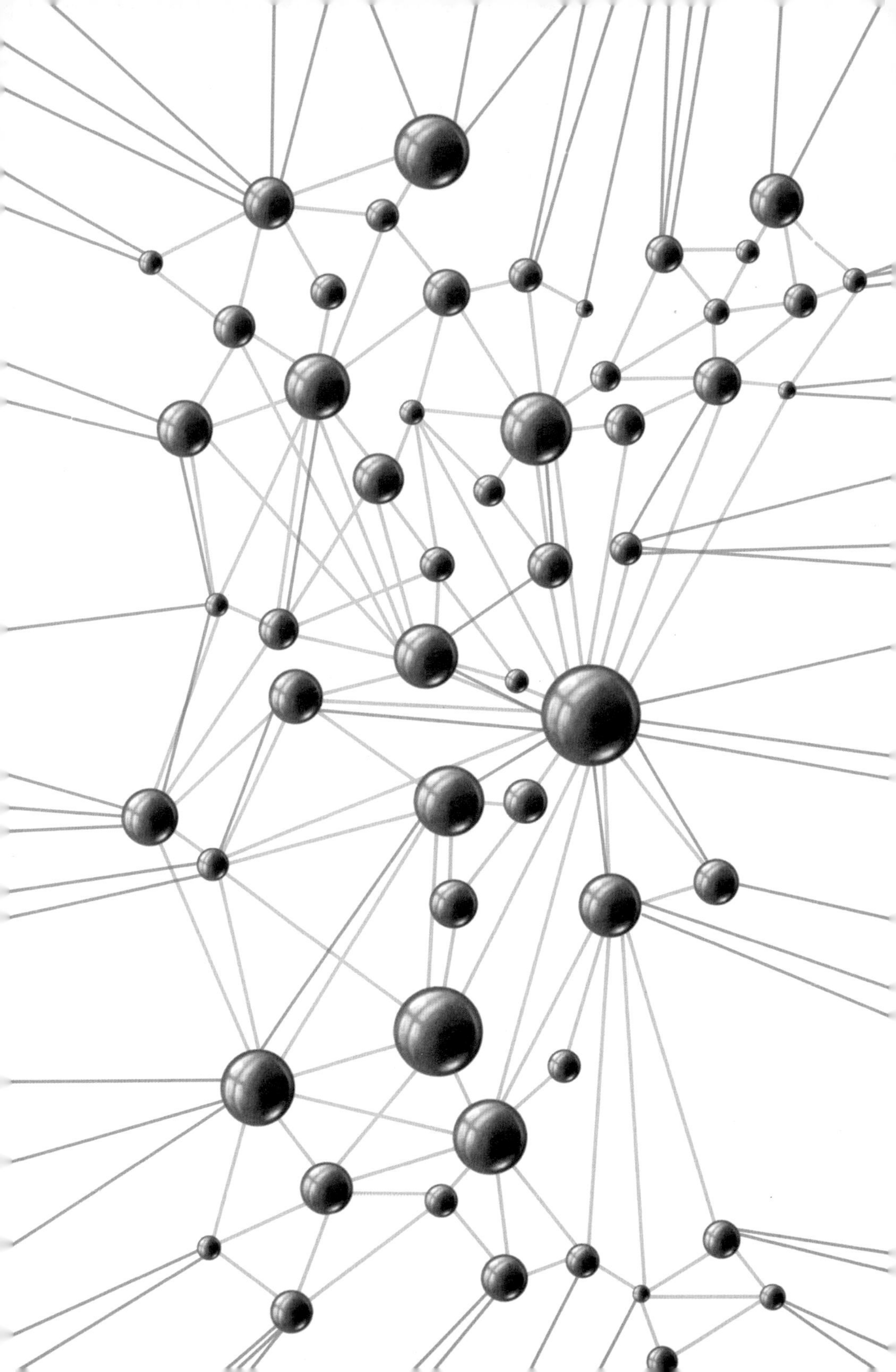

从另一个角度，我想表达：物理学家梦寐以求的统一场论或万有理论（the unified field theory or the theory of everything），从我个人来看是找不到的，因为它本身忽略掉了非时间的运作。而且“非时间”就像他们所提出的“暗物质”和“暗能量”一样，远大于我们可见的宇宙。

只要观测的工具继续进步，我们自然会发现更多现象，而这些现象也会自然衍生新的物理定律。然而，这种衍生是永远数不完的，就看我们手头上有什么工具和多少耐心（也有人会称为创意）。

虽然概括了那么多领域，我最后想表达的是：我们其实不需要把这个主题变得那么复杂。我个人认为，人类过去的出发点并不正确。在“有”、在显化出来的宇宙，想透过奇点找到非时间、生命的全部、绝对——这种做法，本身是不可能的。再怎么费力，也找不到。也因为如此，才为现代的物理学家累积出那么多矛盾。

其实还有一个方法比这简单多了，也就是我这本书想分享的。就我个人的角度，从任何时间的范围，都可以找到非时间的出口。这样的出口，到处都有，倒不必大费周章到大爆炸或黑洞去找。它随时都在，一点都不需要费力。

这样的出口，我在“全部生命系列”称为醒觉。

我知道，对没有物理学背景的读者，这两章可能比较难。正因为我在这本书不想进入冗长的学术论述，才在这两章浓缩了好多观念，一步步“哄”着你走完。

前面也提过，假如你读这两章感觉吃力，也不用担心。我答应，接下来会从物理层面的时间转到心理层面的时间。我相信你会发现，这两个观念其实没有矛盾。

03

时间带来的重担

The Burden of Time

我们每一个人只要谈到时间，都有两个直接的反应。首先，把它当作一个节律器，就像为生活定下节奏和步调，才让我们可以衡量每一个规划、每一个动作、每一个追求、每一个结果。但同时，它也带给我们一种压迫感，让现代人总是感觉时间不够用。

在这种不够用的情况下，我们自然会想要一心多用——同一时间，能处理愈多事愈好。透过快速的技术发展，我们可以同时停留在几个知识的平台。不光有手机随时可以通信，还有计算机，同时还可以说话、写字和其他的运作。

不要说两千年前的人，即使是五十年前的人，来到我们这个世界也会吓坏的。他们会认为每一个人的神经都过度紧张，不只同时做好几件事，而且步调快到想象不到，更不要说跟不跟得上了。

我也发现，这种时间的重担波及的年龄层愈来愈下降。尤其华人，总是要充分利用时间，追求高效率，强调一分耕耘、一分收获。这么要求自己还不够，还要把这种追求延伸到下一代。一个孩子只要懂事、进入小学，总是感觉跟不上、来不及。

让我最同情的是，小孩子不光是睡不够、在学校的时间长、功课多，家长的要求又加倍。就好像一上学，就要承担外围种种的期望和压力。如果这个孩子自我要求又高，那么时间的负担更是沉重。

我们过去看到人是到了一定的年纪才有抑郁症，例如事业受到打击或女士在产后、更年期的变化。然而，现在就连抑郁症的发生年龄也不断下降。才几岁的孩子就有抑郁的症状，甚至有自杀的念头。我才会说抑郁症是 21 世纪最严重的慢性病，而时间的重担是一个主要的原因。

要谈时间的重担，最多也就是“跟不上”。我们每个人都跟不上。一个人在跟不上的状况下，自然会产生一个两难。也就是说，在时间的压迫下，我们认为随时要有一个决策的备案，用来节省时间、解决时间带来的压力。这是我们每个人随时在面对的。

可惜，在这种状况下，我们步调自然会加快，而让我们更停不下来。就连休息的时候，还可能想要选择更快速的动，例如不光是看电视，还要对话快、镜头不断变化或有暴力的刺激。晚上参加活动，要有大声的音乐和热闹。这些娱乐的选择，反映了我们个人对生活要求的快步调。

这样，别说休息时慢不下来，就连睡觉的时候都停不下来。难怪那么多人有失眠的问题。

我过去作为一个医师、科学家，自然喜欢从机制或问题的根源着手。比如说，我当年研究免疫，就想知道杀手细胞和 T 细胞怎么杀肿瘤。当时很年轻，很快就把这个主题告一个段落，而且跟别人的切入点都不同。

现在，要切入时间这个主题，说时间是我们人类最宝贵的工具，也是我们最大的杀手，我认为这一点都不过分。我在这本书，希望可以再进一步打开——时间其实跟我们人类的演化有密切的关系。

这种观点，或许你会认为是理所当然的，因为历史本来就是时间演变的记录。但我要讲的是，人类因为有时间的观念才有后来的发展，只是因为时间的观念过度强化，自然摆荡到一个不均衡的状态。

当然，讲了这些，即使把它解开，最多只是把症状做个说明。我真正感兴趣的，正如我过去所扮的角色，是希望找到一个解答的方法。

04

时间的悖论

Time as a Paradox

人类对时间的知觉并不是直接的，不像钟表可以把时间切得准确而客观。我们是透过神经的作用而体会什么叫作时间，甚至是透过一个作用叫作“记忆”才让我们取得时间的观念。

时间，对我们最多分成三个主要的区块——过去、现在、未来。

现在和未来，其实都是由过去组合起来的。然而，过去完全是透过记忆才可以储存，而接下来可以读取，甚至调出来。

人类和其他动物不一样，除了比较完整而丰富的记忆的作用，还有很强的联想能力。人的聪明与逻辑和其他动物的差别就在于此。早期的人类，也许几十万年前就懂得观察一些周遭的现象。例如太阳会升起、会落下，落下后，月亮会升起、星星会出现。不光如此，他们还发现有时草叶会冒出芽来，然后会特别热，接着树叶开始落下，甚至下雪。

这些周遭的动态都会重复，只是重复的周期有长有短。

这么一来，“天”“月”甚至“季”的观念，就出来了。

人类也自然就把个人体验的变化和环境的周期联系在一起，从中得到一些意义。

在人类刚有农业的时候，人会发现——要在“春天”，种下的东西才容易发芽。到了“夏天”，可以不穿那么多衣服。等到“秋天”，可以收获。进入了“冬天”，动物都在冬眠，人类也就跟着休息，要保住温暖。在短一点的周期再区分更细一些，到了“晚上”就该休息，要保住身体的热度，自然会想睡觉；“白天”有日光，可以把环境看得清楚，能够处理“事”。

人类其实就是靠记忆维持得比较长，再加上联想和推理的能力，足以跟其他动物区隔开来，才有文明可谈。

从主要基因的DNA序列来看，人类跟黑猩猩的差别不到2%。所以人类的特殊倒不是可以完全用基因来解释的。更有意思的是，比起早期存在但后来消失的另外五种人类，我们现代人和他们的DNA可以说几乎没有差异，但是，到最后只有我们现代的人种留存下来。

留下来的原因，从我个人的角度，是时间——时间的观念。也就是说，前面讲的记忆，加上联想、推理，让现代的人类造出一个完整而具体的时间的观念。

为什么有记忆再加上联想和推理，对一个人当时面对环境那么重要？

我们可以想象，人类的体质本来就不如其他野兽（例如猩猩、老虎）那么强壮。光是凭肌肉的力量，人类绝对不可能赢过其他的野兽。举例来说，银背大猩猩重达400千克，可以连续推动800千克的重物。即使现代人营养好，体型比古人高大，力量还是远远不及体型较小的黑猩猩。黑猩猩的肌力是人类的1.35倍，局部爆发的握力更是特别强。从天择的角度来看，像人类这样的物种应该老早就要消失了。事实也是如此，其他五种原始人类早就消失了。

就是因为有记忆、联想、推理的功能，人类才有机会可以从经验学习，可以区隔不同的行为，而自然发现有些举动对生存有利，有些有害。

也就这样，人类不至于重复一些对生命造成危机的动作，甚至可以重复一些过去认为比较有生存优势的举动。

这个优势是其他动物没有的，即使有，也很有限，才会让人类不光是生存下来，还主宰了整个世界。

人类更了不起的地方，是发现有方法可以验证心理的时间感。本来，一开始是参考天体的运动（例如太阳和月亮的周转）才突然产生时间的观念和感受。但反过来，人类自然用天体的运动来校正自己心理的时间观念，让心理的时间感有了一个参考。而这个参考是相当可靠、稳定、不怎么变化的。

几千年后，世间才有了钟表。这一来，时间又更精确了。时间本来是人类的体验，是人类心理的作用，透过钟表规律的动，它突然变成客观而具体的存在。甚至，再进一步被认为是一个不变的物理常数。

同时，人类为了跟上时间带来的变化，于是就有了记录。

我们仔细观察，每一个辉煌过的文明都有很强烈的时间的观念，而且每一个文明都有方法来记录，也就是我们现在所称的历法。有些民族以太阳的运转为主；有些民族（例如华人）则计算月亮的周期；有些文明所计算出的周期甚至比每周、每月长得多。印度史前文明和玛雅文明从观察天体运行所归纳出来的周期，甚至可以长达几千、几万年。不过，人类发展到现在，配合西方现代社会运作的步调，自然就把“年”当作我们历法的基础单位。

时间不光强化人类的逻辑和推理的能力，有了历法也让我们开始做记录，包括历史。透过历史的记录，人类才可以把经验留下来，而可以得到进一步的学习。我才会说，时间是人类最大的发明。

人类的全部发展，都是透过时间的观念而延伸出来的。

是的，时间确实带给我们数不完的突破，包括现在科学和科技的发展。

时间本来是人类最宝贵的工具，让我们有今天的局面，不光可以主导地球，还可以登陆别的星球。但同时，它本身也是我们全部烦恼的根源。

想不到的是，时间也同时是人类最大的阻碍。

我进一步大胆地说，还不用谈到突破，人类对这世界全部的认知，包括语言、思考、逻辑、互动、评价……全部离不开时间。有了时间的观念，我们才成立这个世界、才有这个世界。

所以，时间的地位远远排在任何其他观念的前面。然而，它本身就是我们这一生最大的束缚，说它是陷阱都不为过。从生到死，没有一个人能离开时间的观念。我们都被时间束缚，甚至困住。可惜的是，对这个困境，我们连边都看不到，甚至意识不到。

我才会说，时间，是我们这一生最大的悖论。

假如我可以把“全部生命系列”做一个简单的汇总，最多也只能说修行或解脱是超越“时间的观念”。

05

时间离不开“动”或运动

Time Is Not Apart from Doing

在谈时间离不开“动”或运动之前，我想先谈一个更基本的观念——一般人只要有点科学的概念，都会像第1章提到的，把时间称为第四个维度。这种说法就好像空间的三个维度（长宽高）是基本，而时间是额外加上去的第四个维度。然而，这个观念其实并不完全正确。

对我而言，这种说法完全忽略了另外一面的可能——假如没有时间，其实，我们连空间的三个维度都没得谈。

空间的三个维度是静态的。如果没有对照，我们得不出三维空间的观念。反过来，是透过比较，透过一个空间和一个空间的比较，也就是拿一个空间的三维和另一个空间的三维比较，再加上记忆（时间的观念），我们才认得出谁长谁短、谁高谁矮、哪个宽哪个窄。

也就是说，假如没有一个前后的观念（又是时间），我们最多只是随时都在瞬间、当下。在当下，没有空间的比较可谈，空间的观念根本就起不来，因为我们区隔不了。空间，最多只是强化时间的观念。

没有时间的观念，不光空间的观念产生不出来，其他任何比较、分别、区隔、欣赏、评鉴……也都没有了。我们也不可能有念头，更不可能有什么语言可谈。

可以说，我们全部的认知和一生的经验，包括“我”，全部都离不开“时间”这第一把刀的作用。接下来，才有其他。最有意思的是，我们一般很难想象，假如没有时间，没有世界，就更不用谈宇宙。

仔细观察，其实动物也有空间的观念。动物的空间观念一样是从时间延伸出来的，也就是它们一样有时间的观念。但是，它维持的时间比较短，而且观察的细节比较粗糙。植物和矿物其实也有意识，但这意识和人类、动物的不一样，主要是少掉一种时间的观念，所以它对现实的知觉和其他生命完全不同。

进一步讲，时间本身有“动”的观念。因为时间的观念要从顺序、比较，也就是“动”，才可以取得。

所以，时间本身就带给我们一种“动”或运动的感受。

前面也提过，我们人类全部的思想、语言、感受——痛苦、快乐、爱、悲伤、温暖、没有安全感、愤怒、嫉妒、伤心、难过……都离不开比较、分别、“动”，都离不开时间，都是时间的产物。反过来，人类所有的突破一样离不开时间。

二元对立（duality）——东西和东西的比较、人和人的比较、人和东西的比较、人和事情的比较这一切区隔，本身是时间的观念。

是有了时间，才有二元对立，才有文化、文明种种人类的特质可谈。

是透过时间，我们才从一体（绝对）落在一个角落（相对）。

是透过时间，我们才从永恒（无限大）落在无常（局限）。

是透过时间，我们从无条件突然受到条件限制。

是透过时间，我们从神变成人。

是透过时间，我们从不生不死变成会生会死。

没错，时间本身是我们最大的限制，把我们本来有的全部、无条件的生命潜能限制在一个部分、有条件的相对。甚至，让我们从此迷失，再也看不到整体。

它本身一出现，已经成为对我们的宣判。判的不是死刑，而是“人刑”。

我知道这些话，你过去可能没有听过，也很可能带来想不清楚的一种悖论或矛盾。

但是，事实并没有那么绝望。刚好相反，我在这里想表达的是，虽然时间带给我们限制，然而时间本身也让我们和任何其他生命足以区隔——只有人类透过时间的转变可以醒觉、可以顿悟。

这本身才是最大的悖论。

06

念相，离不开时间

Thought-forms Are Not Apart from Time

因为前一章的观念太重要，而且跟我们一般的认知刚好颠倒，我可能需要从另外一个角度再来切入。

我之前提过，我们眼前所看的东西，都是 thought-forms 念相。

太阳是念相，月亮是念相，别的星球是念相，地球也是念相。

地球的全部动物、众生包括人，都是念相。

更不用讲，人和人之间的互动全是念相。

甚至，连建筑物、我们生活所有的用品，都是念相。

我相信，这一点本身就带来矛盾，让我们用头脑不可能去理解。但是，只要我们追察下去，自然会发现——这些话是正确的。

讲到念相，也就是说全部世界是透过五个感官去捕捉的，而五官离不开神经的作用。透过神经所产生的信息而让我们认为很坚实的世界，其实最多只是信息——头脑的产物或头脑的东西（mind-stuff）。

我相信你已经熟悉接下来这个比喻：假如用解剖的方式去拆解，会发现一切到最后都是空的。连物质的原子，追究下去都是空的。信息、分子、原子、粒子，都是空的。

可以说，任何坚实的东西，只要我们往下追究，它的基础其实都是“空”，只是透过我们神经的作用，会让我们得到一种坚实的印象。

接下来，相信你可能也已经熟悉这样的比喻：假如有其他的生命和人类一样有感官，但是是不同的感官，那么，对它而言，也有“有”的存在。只是，它的“有”可能跟我们的不一样。可能更坚实，也可能更不坚实；可能只是能量谱的流动，甚至完全是另外一种物理、化学的状态。

全部这些头脑的运作，再怎样还是离不开“动”。毕竟观察本身不会带来意义，是透过观察再加上比较（动），我们才可以得到一个参考、对照的基准。

有了时间的观念，让同一个空间可以和它自己前后进行比较而突然冒出了“动”的观念。我们仔细想，假如这种比较只是不同的空间框架在随时比较，光是如此，其实也产生不了“动”，最多只是从一个空间到另一个空间，而在这之中没有连贯性，是在同一个范围（我们也可以称为空间）不断透过时间在做比较，才突然产生一个世界的观念。

所以，时间本身是来限制我们的知觉的，是一个具体的运作范围。它要在这个范围内不断重复观察，才有一个参考的价值、有一个比较的可能。假如这个范围是无限大的，它没有可运作的基准或参考点。

“我”也是这么来的。

因为全部都是头脑在运作，所以头脑自然会产生一个中心——它自己。而全部的比较都是跟这个中心点重复地比较。所以，自然会认为“我”是一切的出发点或中心。

也就是说，虽然我们平常没有注意到，但我们全部的知觉或信息的比较都是跟一个中心的点——我们头脑的中心在做对照。不知不觉，也就把这个中心的点变成最重要的一个点。

也就好像，假如不在一个具体的范围内做比较，没有一个参考点，也就没办法产生一个“动”的观念。有了这个中心点，一切我们看到、听到、闻到、尝到、体会到的，都自然不断跟这个点在做对照。

也就透过这个点，面对一切，我们随时在衡量所得到的信息。这么一来，我们不光有一个时间的观念，而且还跟这个时间的观念绑在一起而突然有个人生，自然有“生”“活”“老”“死”的观念出来。

我们也就认为有个生命、有个寿命可谈。不光是生命、寿命，而且还是“我”的生命、“我”的寿命。

从我们的角度，没有“我”，当然没有生命、没有寿命。这样一来，也就随时忘记了“我”本身不存在，是透过时间的“动”才有的。

我才会说，我们全部所认识的都离不开念相，而全部念相都离不开时间。

07

时间，是相对；非时间，是绝对

Time Is Relative; Timelessness Is Absolute

前面提到，有时间，才有思考、有学习。这一点，需要再多做一点补充。

时间的作用，从定义上来说，是在一个范围内运作。只有在一个具体的范围内运作，才有“动”，才可以重复。毕竟，我们都知道，学习——人类最大的能力，本身要靠重复得来。可以说，如果没有时间，也就没有知识。

这么一谈下去，时间其实是一种限制的程序或工具。我们必须把整体分成很小的区块，在一个小区块里反复地运作，才可以得到时间的观念，而产生动、思考、规划、累积、比较、分别、创意、突破。

时间本身是从条件取得的，是非要从无限的自由、无条件的潜能、无限大的范围、无边无际的非时间的永恒，缩到一个跟整体相较之下，小得根本不成比例的范围里运作，才可能有时间的观念。

比如说，我们一辈子就算可以活到一百岁，但是站在非时间的永恒，这一百年连它的一眨眼都算不上。只是，如果不从“一辈子”这个范围来谈，我们其实也没有人生。

我才会说，任何认知最多只能说是相对的，而没办法用时间去归纳的才是绝对的。过去所谈的一体、全部、本质、空、在，都是非时间的绝对。

正因如此，我会用“在”的观念来形容绝对，“在”是跟“动”做个区分。用时间的观念来说，“动”等于时间，“在”等于“非时间”（timelessness or non-time）。

最有意思的是，我们人要去想或是体会到绝对，是不可能的，因为这本身跟我们头脑的架构是矛盾的。

头脑的架构创出时间的观念，而时间本身要在一个相对的范围运作，所以，“绝对”跟时间不相关。

也因为这样，我过去才会不断提醒——局限永远不会理解无限，也才进一步会说，我们透过这个肉体，甚至透过所谓的身心，永远不可能开悟。任何思想或感受，可以谈、可以体会的，都还在一个时间的范围内打转、运作。本身跳不出相对，跳不到绝对。

尽管如此，人类透过聪明自然会有一个无限的观念，我们通常用∞来表达。许多数学的公式，发展到最后也用极限的观念去逼近它（$\lim_{t\to\infty} t$）。甚至我们还可以想象，假如时间 t 或任何其他条件 x 接近无限大或趋近于零，还可以衍生出其他的参数，而会用 $f(x\to\infty)$ 的函数来表示。

也就是说，我们不光是在头脑里可以允许任何参数（例如时间）去趋近无限大或无限小，还可以再进一步去推测它所影响的范围。

虽然头脑无法掌握无限，但又可以投射出无限。因此，我们也可以同时推导出一个关键的观念——绝对，随时都可以在相对找到；相对，也随时可以在绝对取得。两者并不是互相排斥的。要不然，两者根本不相关，我们其实解脱不了。

正是因为绝对和相对是随时相叠的，我才会说绝对是我们的本质。而且，最多只是把相对挪开，让时间的观念消失，绝对自然就浮出来了。

我才会带出这个颠倒的观念——我们随时可以醒觉。

醒觉，倒不需要靠练习或是修行才可以做到。它本身跟动、跟做、跟时间不相关。所以，才有一个醒觉可谈。而醒觉，最多也只是随时明白“在”和“动”都存在，是两面一体的。一个人不断地站在“在”、不断地选择继续“在”或是“动”，也就醒过来了。

从什么东西醒过来？从哪里醒过来？

当然，是从这个好像真实的梦——我们称为人生醒过来。

但，人生的梦又是怎么来的？

全部都是透过时间出来的“动”再加上数不完的“念相”，让我们得到虚拟的现实。

“非”时间，并不等于“没有”时间，这种表达最多只是想强调它和时间不相关。我常说是落在两个不同的意识轨道——时间是相对的轨道，非时间是绝对的轨道。

非时间，其实就是当下。

一个人没有时间的观念，或说超越时间，自然就活在当下。

醒觉，就是不费力地随时活在当下。

08

相对世界里的时间

Time from a Relative Perspective

前面提到，时间是一个有限、相对的观念。然而，时间不光是从主观的层面来看是有限的、相对的，回到我在头两章所谈的，即使在物理的层面，时间最多也还是一种相对的观念。也就是说，从物理学的角度来看，并没有一个客观或固定不变的时间。

坦白讲，这个观念是一般人最难懂的。

主要的原因，也就是因为在我们的日常生活中，观察不到那些特殊条件下的变化。我们最多是不断体会到有一种钟表带来的时间是相当精准、具体而且客观的，任何人都可以重复一样的体会。这自然让我们这一生被洗脑，认为时间是一个固定不变的常数。也就这样，我们自然把心理层面的时间跟一般物质的物理性的时间重叠，而认为是同一件事。

即使我在头两章谈过这个问题，但是，我担心相对论可能对一般读者比较困难，所以，让我在这里再试着从另外一个角度表述。

只要有中学物理概念的人，都晓得任何物理的常数还是要有一个参照点来当作基准。讲到时间，最精确的表达方式也跟光速分不开。但是，光的速度怎么测量？这其实跟地球、太阳和其他星球的互动有关系。太阳本身，也在一个星系的范围内在动。假如我们把参照点拉得更远，光的速度已经不是固定不变的常数，甚至可以有很大的差异。时间，当然也只能跟着变。

我们可以再进一步假设：如果一个人站在光上旅行，他的速度会是光速再加上他自己的移动速度。这时候，就连他的表所看到的时间，间隔也自然会拉长。等他一趟旅行再回到家乡，童年的玩伴可能都已经不在人间了。

回到个人的体验，相信每个人都体会过时间的主观性（subjectivity）。如果没有记错，我还不到七岁就读过爱因斯坦这样描述——我们一般遇上好事，比如谈恋爱或某个期待获得满足，自然觉得时间过得很快。相反的，假如碰到痛苦或不舒服的东西，时间好像变得很慢。就像拿手去碰火热的炉子，哪怕只有一秒，也好像是永恒。

不管怎么讲，时间是透过比较、对照才有的。所以，时间所延伸出来的“动”，当然最多也只能带出来相对、局限的状况。

这些现象都是因条件而生，也随条件消失。没有一项由时间延伸出来的状态是永恒的。这个架构本身是在无常的基础下建立的，延伸出来的东西当然也是无常的。

进一步再往下推，假如我们全部人生的架构是时间延伸出来的，当然人间也只可能是无常的。

这里还有另外一个观念，也就是说，因为时间造出的状态是有条件的，所以它是一个自我封闭的系统，我们最多画一个圆球来表示。任何在这个时间的范围之外的状态，用时间的观念自然是理解不了的。我们在时间的范围之内，也就认为其他的状态都不存在。

从一个封闭的系统要去理解一个开放的系统，除非他（在这个封闭系统的观察者）的注意力可以跳出来，否则一定会被自己绑住。

就像下页图所表达的，我们看着眼前广阔的宇宙，自然会觉得它是无限大的，没有边际。但是，我们几乎不可能想到，只要我们可以想出来的东西，包括想出来的无限大，没有一个东西不是局限的。

其实，再往下推，就连“这个人正在想宇宙是无限大”的这个思考或感慨，一样是我们可以想出来的，也还是局限的。

时间不光带来一种空间上的封闭，也把整个意识局限到里面。这个意识，包括知识、潜能，全部被它限制了。我们才会认为这一生都是限制、都是局限。知识是限制，潜能也只有那么多，注意力最多也只能集中在一个点。

所以，我们该探讨的反而是——我们的意识或注意力可不可能跳出一个封闭的系统，甚至变成无所不在、无所不能、无所不知。

答案，我相信你已经可以猜到——是可以的。

但是，我一直以来的说法，跟一般人讲的刚刚好相反。相反的是——一般人会认为这种无限大、永恒、绝对的状态，并不同于平常醒着、做梦、深睡无梦的状态，而是一种特别不同的状态。过去的人用 *turiya* 表示这不同的第四种状态，而我也借用古人的语言来表达，但其实并不是真的有一个“第四状态”。

要表达这个第四种状态，比较正确的说法应该是 ground state（根本态），最根本的状态。也就是说，这样的状态在一个人醒的时候有、做梦时也有、深睡无梦时也有，没有任何一个片刻没有过。只是因为我们受到时间带来的限制，自然把这个根本的状态忽略掉了，变得好像没有这回事，反而认为不可能。

我很有把握，再进一步——如果没有根本的状态，也就没有绝对的部分，我们就不可能有相对的部分，也就不可能有生命。

这么说，时间又最多只是一张滤片遮蔽了绝对的光，就好像绝对最

多在等着我们把这个滤片移开，它自然就照明出来、浮出来了。

这个根本态不是透过“找”可以得到的，因为它本来就在。反过来，是透过我们不动或是超越动，轻松地回到一种“在”的状态，才可以让时间的作用消失。

其实，也就是那么简单。

09

时间，是神经架构出来的

Time Is a Neurological Construct

要了解时间，自然会想对我们的神经系统做进一步的了解。这个主题已经累积了无数的文献，不光是从物理学谈时间，就连人类和动物比较的研究也有相当多资料，是几乎每一位神经学家都想解答的。

一般的研究方向，自然会从记忆来着手。记忆这个主题，又可以细分成不同的次领域。比如说长期记忆、短期记忆，是从距离发生过了多久时间来区分；程序记忆、情节记忆，是用内容的性质来分类。“记忆”已经成为神经科学一个热门的研究领域。在这方面，先进的研究报告是数不完的。如果有朋友对这感兴趣，有机会可以去进一步研究。

在这里，我更要强调的是，时间本身是透过记忆累积下来的。如果没有时间的观念，其实也没有记忆。最有意思的是，如果没有记忆，我们也没有时间可谈。两个观念相辅相成，互相强化彼此。透过记忆的强化，时间的观念也更精确了。

我们都会观察到，有些人年纪大了，十几年前的事记得很清楚，就像昨天才发生的，但是昨天或半天前的事却怎么也记不起来，好像一眨眼就过去了。小孩子刚好相反，昨天的事可以记得很清楚。同样的时间，

对年老和年幼的人，好像是不同的长度。儿童的时间过得比较慢，因为体验比较新鲜。

这一点，我相信每个人都经历过，也就再一次提醒我们——时间是相对的。

回到重点，时间的观念主要是透过过去的记忆才可以建立起来的。所以，时间跟过去是分不开的。对我们一般人来说，有了过去，才有现在和未来。

虽然，我常常讲只有现在是真的，而未来只是一个头脑的投射。但是，过去，绝对不会放过现在和未来，也自然会延伸到现在和未来。因为神经的作用是一个回路，我们要体会过去，最多是透过回路的运作。假如有过去的经验——一个失落、过分的快乐、极端的痛苦，就会建立一个很完整的回路。这个回路一再重复自己，愈运作愈强烈，自然会造出现在或未来可以体会的经验。

例如，一件事发生，我们受到打击和创伤。虽然是过去发生的，但会一再重新来过，让我们在现在这个瞬间，甚至很远的未来都还在重复它。也就这样，把一个虚构的真实变成我们认为真正的真实。

举例来说，有些人怕蚂蚁、怕小虫或怕其他的东西。就像这张图所表达的，让这个恐惧透过我们身心的神经回路不断放大。即使蚂蚁不在场，还是可以一直在我们的脑海、身体里重复这个恐惧。

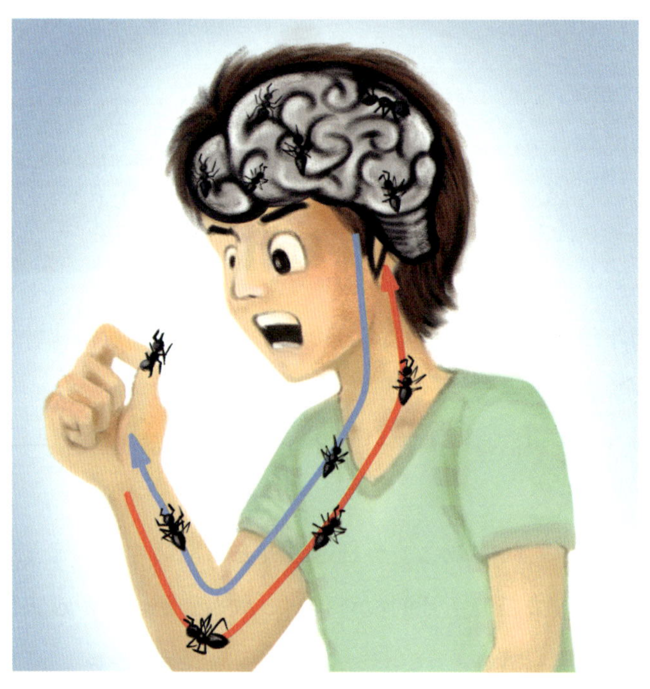

讲到这里，很有趣的是，就在写这本书的时候，我意外在全世界出名的“自然综论系列”[①]看到神经科学领域《自然综论：神经科学》（*Nature Review Neuroscience*）的一篇文章。作者综合多年的脑部解剖和病例研究，用了这样的标题“Remembering the past to imagine the future: the prospective brain”（透过过去的记忆来想象未来：大脑的远景）。也就是说，如果失掉对过去的记忆，自然没有未来。

这个观念对我而言，其实是再明白不过的事实。

我过去在很多场合也推荐过《奇迹》（*My Stroke of Insight*）这本书。作者泰勒女士（Jill Bolte Taylor）是很优秀的神经解剖学家，后来也被选为世界百大影响力人物。她很年轻的时候左脑中风，不光失掉语言和空间的观念，连时间的观念也完全没有了。突然之间，她没有过去、现在和未来的区隔。观察这个世界，她透过右脑的运作最多看到一个能量谱，样样都没有区隔，就好像失掉小我的观念，样样都变成合一或一体。

她以自己的神经科学专业记录亲身的经历，这是相当可贵的。对我来说，她的描述不光表达了时间是一个神经的构念，而且还是一个特别集中在左脑的构念，同时也在验证我们神经的架构本身可以体会到一体，可以体会到超越。

我也在《神圣的你》表达过，人体神经的架构完全在准备我们活出永恒或是绝对，就好像整个神经和头脑的架构正在等着我们找到“非时间”的状态。然而，这个非时间的状态，其实已经内建在我们的头脑，连找都不用去找。最多是把逻辑脑或分别脑挪开，这个状态也就自然会浮出来。

或说，把左脑或“过去”的概念挪开，一个人也就自然浮出本来就有的绝对。

---

① *Nature Review*自然综论系列目前共有15种期刊，涵盖多个临床和基础医学领域，大多是各自领域内的顶尖综论性质期刊，有相当大的影响力。

10

所有知识，都是时间的产物

All Knowledge Is the Product of Time

人类和其他众生最大的不同，就是聪明。

聪明，是知识的根源。聪明所创出来的观察结果透过记忆或记录会累积，自然会成立一个体。这个体，我们可以称为知识体。

所以，知识本身就是头脑的产物，是透过头脑排列先后的能力才可能取得的。假如没有这种排序的能力，我们也没有知识可谈。不要说没有知识，就连最基本的认知都不可能有。因为任何知觉所需要的对比，还是离不开先后顺序的排列关系。

不光知觉，任何念头其实都离不开时间和“动”的观念。不只是神经放电的“动”，包括神经所产生的信号都要有一个前后顺序，才可以建立念头的架构。

但是，知识不光是靠排列先后顺序而来，还要透过很强大的记忆储存能力以及透过联想而取得记忆的能力，才能得到。

我们回头看，人类最了不起的地方就是把这个知识体透过历史、文化等各式各样的渠道留下来，让我们留下一个完整的记录，可以随时调回来地球的各种文明，甚至可以让它复苏。就好像无论经过了几千年，透过知识都可以相连。现在也一样，可以透过知识延伸到未来。

人类全部教育的基础，就是希望我们累积各种知识——无论科学的知识还是人文方面的知识，此外还有实用性的知识。愈分愈细的知识领域也自然衍生“专家”的观念，因为知识量太庞大，我们当然希望集中心力在某一些知识领域，拥有足以与其他人区隔的专业，让我们不光在工作上可以有更好的安排，更可以延续个人的天分和兴趣。说现代人透过知识才可以生存，一点都不过分。过去所重视的农民和工匠，在现代社会所占的人口比例反而比较小。人类的未来，更依赖知识分子。

知识对我们的重要性，相信不需要我再多说，每一个人在自己的领域都很清楚。但我在这里，特别想分享知识和灵性层面的关系。这一点，可能又跟一般人的想法是颠倒的。

我记得笛卡儿（René Descartes，1596—1650）三百多年前提到“我思，故我在”。这句话本身在某一个层面，其实是强调知识的重要性。我过去也引用过“真实，让你自由”（Truth sets you free.）这句话，后来演变成“知识，让你自由”（Knowledge sets you free.）。我刚到美国的时候很年轻，很多大学和活动都用这句口号来强调知识的重要性。这句话不只是谈知识和求生存的能力有关，笛卡儿和后人的表达更是在强调就连人生最大的题目——存有，乃至于解脱，知识也扮演关键的角色。

我前面提到跟一般人的想法“颠倒”，也就是说，从我个人的体验，这个观念不光是错的，更是根本与事实相反的。

知识，最多只是在相对的范围内给我们带来更高一层的分别，让我们从绝对的范围投射出一个相对的角落，在这个角落再延伸出更小的角落，再从这个更小的角落延伸出更小更小的角落。不光成为一个领域的专家，还是一个象牙塔里的专家。

这让我们的选择不是更广，反而更狭隘。

这个现象是相当可惜的。任何受过高等教育的人，即使有了博士学位、博士后学位，包括我，都可以体会到它的限制。知识的专业化虽然能加强在某一个领域的深度，但遗憾的是，从广度来看，反而会窄化我们思考的层面。

所有知识，都是时间延伸出来的。前面也提过，时间延伸出来的范围是局限的，是从整体化出来的一个个体，而最多只有相对的重要性。

任何知识，其实只有相对的重要性，完全没有绝对的代表性，更不用谈足以代表生命的全部。

我们也可以说，最高的知识就是全部生命的解答，而这个解答最多是真实。但是，认为透过知识这样一个相对的领域，一个人可以找到生命的答案——也就是把真实找到，这种想法本身是一个大妄想。

不光不可能，我在这里要进一步大胆提出来：知识本身是一个阻碍，是让我们投射出一个滤膜，而遮住真实的光明，把一个简单的状态，扭到另外一个层面。透过这个层面，反而把最根本的状态盖住，甚至让我们都忘记它存在。

因为这个理解，过去的大圣人都懂，所以从过去到现在都会强调——知识，不光不是智慧，反而会把智慧盖住。知识是相对，智慧是绝对。

但说到底，知识可不可能盖住绝对或真实？

其实，这种说法最多也只是一个比喻。事实上不可能盖住的，因为两个在不同的意识轨道。

正由于本来就遮盖不住，我这次才大胆带出一个“反复”的概念——我称为“反复的工程”。

这样的工程是说，我们透过自己的聪明和知识，绝对有能力可以理解或最少摸到边——什么是绝对、什么是领悟、什么是在、什么是解脱、什么是本性、什么是涅槃、什么是“在・觉・乐”。

我会称这样的反复工程是大胆，是因为知识本来是阻碍，过去的大圣人也都这么强调。但是，我们现代人头脑的发达已经远超过古人可以想象的地步。我认为时机到了、成熟了，知识反而可以变成我们一个最大的解脱工具。

回到“知识，让你自由”这句话，这是很大的悖论。是的，知识可以帮助我们解脱、得到自由，但不是最早说这句话的人所想的那样。

我希望讲得更透明一点：我透过“全部生命系列”所表达的是一个完整的知识体。这个知识体即使一样落在逻辑思考的层面，但是这样全面彻底的说明确实可以设立一个知识的基础，让我们接下来透过一些简单的练习就可以再往前推进。

没有这种知识的基础，我过去发现，许多朋友修行几十年，甚至投入了一生的心力去专修，就是有很深的体验或领悟，可能还是不知道这些领悟在更大的架构下扮演什么角色或有什么意义。看到这些现象，让我舍不得看到无数朋友走那么长的冤枉路，才希望建立一个完整的知识体当作修行的基础或平台。从这个基础或平台，让一个人随时可以轻松面对个人的体会或是领悟。透过这种参照，可能不会继续走冤枉路。

这种想法，我认为可行。因为我们现在透过各领域的发达，也已经创出完整的语言，至少可以让我们指向真实。

我会用相对和绝对的观念来说明，就是一个很好的实例。相对和绝对，到了现在是很普遍的物理和数学的概念。但是，在古人的那个时代，是没有这样的语汇和基础的。

相对和绝对虽然是在两个完全不同的意识层面——相对，是透过二元对立或比较而成立的，可以说是在时间中比较；绝对，是跟任何比较都不相关的，是超越了时间的衡量。但有意思的是，我们可以用相对的脑去推测一个脑追不上、语言也表达不出来的绝对。

不光是用数学的工具，前面也提过，透过当时因为爱因斯坦而普及的思想实验，我们其实也可以用念头去区隔或想象相对和绝对。所以，站在我们所采用的二元对立或相对的逻辑，绝对的观念也不能说是完全陌生的。最多只能说，我们在一般生活中透过五官，再加上一般的念头，没有随时体会到什么叫作绝对。我才需要透过那么多篇幅，把绝对的观念落到生活中，希望用语言和练习的体验来亲自体会到它。

但是，我们可不可以真正体会到绝对？

当然不可能。

这本身带来一个矛盾，因为我们的五官是透过相对的接收器在产生相对的信息，接下来再用相对的诠释来解释、来体会。所以，严格讲，是不可能体会到的。

这就是相对的限制。

尽管这么说，我在这里还是要做个提醒——在语言的限制下谈绝对，和相对一样，也离不开时间的观念。只是我们将语言作为理解一切的基础，反而会忽略这一点。

最有意思的是，我们脑的架构够聪明，让我们可以产生 *netti netti*（不是这个，不是这个）的观念，透过否决任何知识、任何经验、任何时—空所带来的境界而让绝对浮出来。

浮出来什么？

我们透过语言和念头，没办法表达。

只要可以描述的任何东西，都还是离不开时间相对的范围。然而，我们即使没办法用我们的语言或感受来描述，但也受到一种转变。这种转变，是每一个人都可以亲自去体会的。

透过这个完整的知识体，虽然还在相对的范围，我们还是可以稍微指向它、点出它，也才可以把它做一个传承。用这种语言，我们也就自然消化了过去大圣人留下来的很多悖论，证明大领悟者所讲的是完全正确的。

这是我们透过个人的生命可以验证的。

验证什么?

好像也讲不清楚。

但是，这个不清楚的观念再也不会继续变成悖论，而是在心更深的层面，我们好像自然可以接受。

这些没办法表达的观念，也就是“全部生命系列”想传达的。

11

没有时间，也不可能有“想”

No Time, No Mind

从古至今，大修行者都知道，醒觉或顿悟最多只是一个“无想”（no mind）的状态。

无想，也就自然进入无我。

无我，也就自然把全部的法消失。

其实，消失，最多也只是一个比喻。因为本来“我”和“法”都不存在，所以，也没有谁可以消失法或需要去消失任何法。

但是，很少人会提到“非时间”其实是关键。

时间带来一种“动”的观念，它本身就是念头的“动”组合的。如果没有“动”，其实就没有时间可谈。

我过去才会不断地提——醒觉是“在”，而不是“动”的观念。但是，我相信很少有人理解。

一般人讲到“动”，马上想到的是身体在动。然而，真正在动的不是身体，而是念头。我们只要表达自己想成为什么，这本身就是“动”的观念，自然产生一个时间前后的排列——要从前面的什么变成后面的什么，才有一个“成为”的观念。

我发现很多人听到这些话，表面上好像听懂了，却带不回自己的生活。还是有很多修行的朋友认为透过练习、静坐、持咒、祷告、念佛……可以“成”道。还有朋友认为，这一生最大的目的是“成为”一个有用的人、一个富有的人、一个有名气的人、一个有影响力的人、做有用的事的人……

几乎没有人会想到，这些追求、想法都还落在相对的范围，跟我们心中的“绝对”一点关系也没有，甚至可能永远（其实没有什么叫永远，这么讲还是相对的观念）摸不到边，都模糊了切入点。

我才会用许多篇幅提到时间带来的过去、现在和未来，这最多也只是在表达——在人类的范围内，要体验时间最直接的管道其实就是透过记忆、透过思考，也就自然不断地从过去、现在、未来的层面着手。但是，严格讲，其实没有任何层面需要着手。因为时间最多是一种神经的作用，它本身是虚拟的，不用去着手，而且也着手不来。

然而，我认为“全部生命系列”带出来的观念相当关键，可以为修行者铺一个扎实的平台。让你我面对很多可能体会到的身心转变，心里自然有一个指南针，可以跟自己的领悟不断对照，省去数不完的冤枉路。

同时，我很有把握，懂了这些，我们对古人的经典都会有很深的领悟，自然发现——大圣人的话并不都是遥不可及的比喻，而是随时可以使用，甚至可以让我们的生命（假如还有个生命好可追求）活得更好。

这是一般人绝对不可能懂的。

我带出来这些观念，也自然发现很多人认为这是不需要的，会认为跟他的生活没有什么切身的关系，觉得最多只是哲学领域的清谈。甚至还没谈完，就等不及回到他的生活，去面对眼前的考验。

这些朋友没有理解到——这里所讲的全部，不光可能影响我们一生，更可以帮助我们从任何困境走出来。只是走出来的方法不是靠眼前物质的转变，而是内心转化，把一切的问题化解。从外在找不到的快乐，是透过这种内心转变才可以找到的。

所以，假如还认为这些信息跟我们的生命不相关，这种想法本身是很可惜的。我最多只能提醒自己，人的聪明智慧有不同层次，而我在这里希望为最成熟的朋友转送古人的一些礼物。这礼物，是你我一生取用不尽的。

难道我不想，就不存在了？

12

难道显化出来的宇宙就是我们的一切吗

Is Manifested Universe All That There Is?

我知道，一开始答应过你这本书只有两章会谈物理，但我相信你已经发现，关于时间的讨论，不知不觉地又回到了科学和物理领域。毕竟从我的角度来看，真实最终是可以从各种领域去验证的，并不是只能由某一个哲学、宗教或灵性的领域来垄断。

站在物理的角度，前面提过，光是限制在宇宙的范围来探讨，时间也从来不是一个宇宙的常数。

我们或许会以为常数既然是永恒不变的，那应该是经过慎重思考，在理论架构的一开始就纳入了的。然而，很有意思的是，很多物理的常数都不是理论最初就设想好的。是反过来，从实验的观测发现结果与理论并不符合，让公式的等号无法成立，于是再加上一个项目，也就是加上一个条件或一个变量。这个条件或变量的范围变化很小，才自然变成一个所谓的“常数”。

举例来说，普朗克常数就是这么来的。

这个故事要从“黑体辐射”谈起。我们平常看到一个东西的颜色，其实是光线照到这个东西上被反射出来的部分。比如白色，是光线打上去，全部被反射回来，我们也就看到了“白”。那么，黑色又是什么呢？其实，也只是光线打上去，完全被吸收，不被反射出来。没有任何反射光，我们也就看到了“黑”。所以，对物理学家而言，一个完美的“黑体”也就是一个完全不会反射光线的体，能完美吸收任何能量。然而，完美的黑体在现实中并不存在。所以，科学家能够观察的最多是类似黑体的物质。

至于辐射，我们在日常生活都有机会观察到这样的例子：加热铁块，站在旁边的人自然会感受到“热”，也就是辐射。热透过红外线，传递到我们的皮肤表面。如果铁匠继续加热这个铁块，它会变成黄红色甚至蓝白色（如果温度够高）。这是因为给予能量愈来愈多，让铁块释出的能量移到了我们肉眼可以看到的区块，成为光辐射。

物理学家在实验室用一个只有单一开口的小空腔来模拟黑体。这个空腔只有一个开口，所以观察到的任何光不会是从另一个开口漏进来的。如果在这样的一个黑体里，我们可以看到光色的变化，那这个光色怎么来的？应该就是这个物质本身放出来的辐射。往其他方向的辐射都被黑体完美地吸收掉了，只有透过这个唯一开口的辐射，能被我们观察到。

早期的科学家观察黑体在不同温度下所辐射出来的光谱，也想要建立理论来解释能量透过物质的进入和输出。但是，用传统的光和力学的连续性来探讨，一直得不到能符合观察结果的理论。直到1900年，普朗克发现能量的分布并不像光波一样是连续的。只有假设能量的发射和吸收是一份一份地进行，理论的计算才能符合实验的结果。然而，在计算这一份份能量和频率的关系时，总是好像少了点什么，最后发现要乘上一个固定的数才能平衡。也就这样，定出了普朗克常数（$6.6260693 \times 10^{-34} J \cdot s$）。

当时，普朗克自己也没有想到，这个常数后来扮演了一个很重要的角色，可以说是开启了后来的量子物理。从这个常数衍生的普朗克长度的范围内，一个粒子自然可以活出量子物理的不确定性。

从我的角度来说，现在物理学采用的很多常数最多只是来补偿理论的不足，并不足以代表永恒，也不是永久不变的。是因为科学家为了解释显化出来的宇宙就已经少了什么，才要凑出一种称为常数的东西。

我谈普朗克常数并不是为了闲聊，而是有它的背景。至少，透过普朗克常数，我们突然从自己认为很坚实、很确定的世界，进入一个完全不确定的世界（最多只能称为可能性“possibility”）。

从另外一个角度来谈，到目前为止的物理学最多只是代表这个“有”的世界，也就是显化出来的宇宙（manifested universe）。然而，就连整个“有”的世界最多还是站在一个局限的范围，不可能是永恒的。即使我们认为这个宇宙还不断在膨胀，但是因为它本身有一个出发点（大爆炸），怎么讲还是一个封闭系统，并不是无限大的，也没有什么东西叫作无限小。

透过普朗克常数所揭露的量子现象，我们自然体会到，还不需要谈到无限小，光是在这个有限范围里的一个很具体、不到无限小的小数字，就已经足以让过去的物理定律失效。

我们还不需要讲到无限、永恒、绝对，光是在这个有限的范围里就出现了让所有物理定律都没办法作业的领域。物理学的这个突破让人类不得不谦虚体会到——自己所拥有、所掌握、所认知的，都没有绝对的代表性。这一切最多只是在“有”的世界有它的作用，还没有离开“有”，光是进入小一点的范围就已经不作用了。

也就是说，并不是普朗克的发现支持了绝对和永恒。而是，我们透过这个发现可以清楚体会到，就只是在这个显化的宇宙，一旦落到普朗克长度以下，物理的定律就被大幅度推翻了。光是在这个显化出来的宇宙，就还有很多层面的力量、机制、本质是我们不清楚的。往小的范围走是如此，往大的范围走，还不用到无限大，人类已知的物理定律也可能失效。

现在大家都听过黑洞的理论。一旦进入黑洞，确实所有的物理定律都失去效用。几十年前，黑洞理论的发展还在早期阶段，霍金[①]认为黑洞可以把信息场吞掉，当初我就认为这是不可能的。假如可能，那么在黑洞的状态或宇宙还没有形成前，也就没有意识，因为意识已经被崩解了。

很少人能够理解霍金的说法会衍生出怎样的后果。当时我和霍金也有对话，指出这个问题。他说，他同意我的观点，但数学推算并不支持这样的结论。好多年后，他才澄清了自己理论的错误。

如果霍金原本的说法正确，就好像让一个人在桥上走到一半，桥突然断了，他非但走不过去，更严重的是，往下看也完全看不到东西，因为根本没有东西。

他当初的说法不只是在还没有延伸出这个宇宙前造出一个断裂（不连续性），甚至连我们所讲的最原始的意识（primordial consciousness）都没有。按照他当时的理论，绝对也不可能存在——在最早的状态下，不会有什么可以称为绝对，一切都是相对的。

黑洞，尽管什么都可以崩解，唯独信息场也就是意识是崩解不了的。在非时间的永恒中，即使没有时间、没有空间，还是有个最原始的意识存在。这个意识不受任何限制，不受到时—空的限制，不是落在一个相

---

① 霍金（Stephen Hawking，1942—2018），著名的天文物理学家，很年轻就得了渐冻症ALS，是一般人认为的绝症。但是，他这一生，在轮椅上为现代天文物理做了很大的贡献。

对有分别的层面。我们最多能称它是绝对的意识。即使大爆炸后又过了一百四十亿年，这个意识还是存在。在每一个角落、每一个范围都存在，因为它消失不了。即使我们把它称为是“空”，这个空本身还是包含全部的潜能，包括意识。所以，最多是允许我们用“意识”来称呼它。

这么一来，我们才真正有解脱的可能。因为我们在任何相对的层面，在时间的范围内其实有一种东西叫作非时间的永恒、绝对，随时存在。

假如不是这样，我们解脱不了，也醒觉不过来。醒觉，最多只是活出它自己。就像在大爆炸之前，绝对已经存在。它已经活出它自己，它不需要这个大爆炸化出来整个世界才可以表达它自己。它本来就有，就是有了这个宇宙，它还是存在；就是这个宇宙消失，它还是存在。

我会举普朗克常数和黑洞理论的实例，最多也只是在说明：物理学透过理论的架构，早晚会一步步地证明过去大圣人所留下来的全部观念，包括“全部生命系列”所讲的一体和绝对。

但是，从另外一个角度，我们其实也不需要把它变得那么复杂。只是现代人的聪明过度发达，会认为样样都需要在理论上解释说明，我们才有这些理论可谈。其实，我们这里所谈的“非时间的永恒”是每一个人随时可以体验的，不需要用物理做什么证明，更何况现在的科学也证明不了。

所有的科学最多是把“有”的世界、显化出来的宇宙做个解释。然而，就在这个显化出来的宇宙，到了相对大和相对小的尺寸，都没有办法得到一个妥当的解释。而且，头脑会把本来很直接、每个人可以体验的变得很复杂，甚至到头来变得体验不到。

就像许多现代物理和数学的观念，虽然我们都有过亲身的体验，但是一落成数学方程式，头脑反而无法理解。

加速度，就是一个例子。

我们大多数人都开过车，都知道脚下的油门一踩，车子就愈跑愈快，也就自然体验到加速度。但是，把加速度用数学来表示——速度随时间的变化（$a=v/t$），也就是在谈距离随时间的变化在变化（$d/t/t=d/t^2$），或说距离随时间平方的变化。对头脑而言，时间的平方是什么意思？这是怎么也想不通的。这些观念，除非我们有所体验，不然是理解不了的。

一个好的物理学理论可以简单解释所观察到的现象，更可以预测未来可能观察到的现象。最优秀的物理学家，无不想要追求一个理想中的统一场论或万有理论，希望能简单解释甚至预测宇宙一切的现象——小到量子，大到星系、到全宇宙。

第 1 章提过，爱因斯坦认为重力是相当特殊的作用力，很难用传统的力学观念来解释。然而，量子电动力学（QED，quantum electrodynamics）这个领域，就是希望能用基本粒子解释宇宙全部的组成和力量。当然，这里谈的基本粒子，对我们来说一点都不基本，老早超过中学物理所谈的电子、中子和质子。物理学家偏爱的这些粒子，连名字都相当冷僻，像是夸克（quark）、轻子（lepton）、渺子（muon）和涛子（tauon）等。

对物理学家而言，任何架构都离不开“架构”和“架构”的关系，也就是离不开“体”和“体”的关系。这种关系，也就是我们一般所说的“力量”。除了解开各种基本粒子的属性，物理学家更想知道可不可能透过粒子解释四种基本的作用力——电磁力、原子核强作用力、弱作用力、重力。

到现在，已经知道光子（photon）、胶子（gluon）和 w- 与 z- 玻色子（w- and z-bosons）可以解释前三种作用力，这些粒子的存在也都在实验中观察到了。只有重力子（graviton）仍然还停留在理论阶段，并未在实验中观察到。而且，从理论上讲，也很难解释大的物体（宇宙、地球）的重力。

物理学家的追寻可以说是上天下海，从最大到最小都找遍了。但是，到现在非但没有建立一个量子的重力理论，就连我们这里所谈的时间也没办法有一个妥当的物理解释。

如果真有一个理想中的统一场论或万有理论，不可避免地要把量子力学和古典力学乃至广义相对论做一个整合。但是，现在还有很多断层跨不过去。

此外，我在这里还是要再做一个提醒：头两章所汇总的和时间有关的物理和科学观念，都还是在一个显化出来的宇宙的角度在谈。全部的物理常数，无论光速还是普朗克常数，都还是离不开这个显化的宇宙（我通常称为凝结的意识 solidified consciousness——就像是意识的螺旋场从高速降到低速，而在这个过程中凝结出物质）。光是解释已经显化或呈现出来的宇宙，量子力学和古典力学就无法衔接，更不用谈去解释还没有显化或呈现的宇宙。物理学家也就自然产生暗物质或暗能量的观念，来补足可见到的能量或物质所不能解释的部分。

我年轻时，一样花了不少时间想建构一套理想的统一场论，还写了一本书，想把量子力学和古典力学整合起来，到现在还没有发表。假如没有记错，当时已经写了 937 页。但是，我知道，再怎么整合还是在显化出来的宇宙着手，没办法解释意识。

对这已经显化的宇宙来说，我们解释得再完美、再缜密，这个部分也占不到整体的万亿分之一，根本就不成比例。就算把所有的法则都解释清楚，也会发现它们并没有独立存在的价值。少了后面更大的力量，再好的理论也不可能足以解释全部。

假如我们回到最早最早、宇宙还没有出现的时候，自然会发现时间是永恒的，也就是没有时间的观念。是从物质产生了大爆炸，时间的观念才启动。

有意思的是，我们的宇宙到现在还在不断地扩张，而时间似乎最多只是带来一个方向，让空间的变化可以产生意义。尽管如此，我们平时从未怀疑过时间和空间都只是从头脑投射出来的观念。

我会再一次强调，是因为你我随时都被时间的方向骗走了。我们都认为有了过去当然会有现在，接下来就有未来。而且，这个变化像直线一样有先、有后。但是从另一个角度，光是我们所看到的宇宙的发展——从没有，到大爆炸，再继续扩张，在这个过程中，其实时间从来不是一个固定不变的常数。

不光如此，我们看自己心理层面的时间，也知道时间不可能是常态。它带着一种主观性，只有体验的人可以衡量它的长短。

正因为如此，我们当然也不会认为在每一个时间的范畴里，其实有非时间的永恒，更不会认为这个非时间的永恒可以透过意识随时去取得（而不是从已经显化出来的宇宙去取得）。很有意思的是，我们每个人也就宁愿投入已经呈现出来的很小一部分，而称这是自己全部的可能。

我相信，用这个角度不断谈下去，我们自然会发现，就像第 2 章谈过的，不需要去黑洞或大爆炸这种特殊状态才能找到非时间的永恒，其实我们从来没有离开过非时间的永恒。而且，是透过这个层面才可以把人生的全部问题解开。

这些重点，我没有听过任何一个物理学家能从物理的角度说清楚。反过来，哲学、宗教领域的朋友因为对物理的理解不够深入，也没办法把这两个观念整合起来，这是相当可惜的。我想表达的是——修行、解脱完全是科学化的。未来会有一套科学把这个讲的一目了然，只是现在的科学还没有到那里。

然而，所有的这些追求，甚至包括最终极的统一场论或万有理论，对我们个人的生命其实都不那么重要。唯一重要的是——我是谁？我怎么有这个能力创出时间的观念，造出一个完整的时—空、一个世界？

一个人懂了这些，自然明白任何其他的追求相较之下都没有重要性，不只对意识转变或解脱没有帮助，可能反而把我们绑得更紧。

最后，连这些知识也要丢掉。

13

相反的手法

A Contrarian's Approach

我这本书主要想强调——没有时间，不光没有知识；没有时间，其实也没有“我”。

No time, no ego. 没有时间，也没有“我”。光这句话，可能就跟你过去想的完全不一样，甚至根本是颠倒的。这句话有两个主要的用意——本来我们的头脑跟动物一样很单纯，觉察到信息，处理完了，把它储存，以后再把它带出来。但是没想到透过联想和比较，自然产生了时间的观念，而时间自然创出空间的观念。透过时—空的观念，我们不断地体会到每一个环境的信息或内心的想法都有一个比较的基准点或中心。前面提过，这个基准点或中心也就自然变成了“我”。

所以，也就这样，听，是从什么角度在听？当然是从“我”。看、闻、体会、尝，也当然是从同一个中心。这个中心，当然也只是“我”。

因为“我”——不管是听的“我”、看的“我”、闻的“我”、体会的“我”、尝的“我”，在神经的作用下好像是完全重叠的。不知不觉，这些虚拟的“我”也就变成了真的“我”，好像很坚实，有个本质存在。面对一个经验，假如我们是透过听觉、视觉和其他感官同时体验，得到的“我”还可以互相验证，也就自然确立了一个更坚固的“我”，而这样的“我”好像有个独立的生命——有生、有死。

不光如此，这个“我”自然也跟这个身体绑在一起。就像这张图所表达的，我们的身体受伤了、在痛，我们自然会认为“是我痛”。因为身体从我们的感觉上也是坚固的，自然也就和“我”合并在一起。这一来，“我”跟身体就分不开了。

也就这样，这个“我”透过身体还有念头造出一个物质的世界，自然感觉是样样都有一个“体”。有身体，才会有念头。没有身体，就觉得一切包括念头都跟着消失了。自然地，“我”也跟我们的生物周期绑在一起，认为有一个生命，也许几年，也许几十年。然而，最长最长，也就是有限的几十年。

我们就这样完全投入一个相对的世界，忘记了——其实这个世界是“我”延伸出来的。是因为有了这个身体，再加上五官和念头，才可以投射一个世界。不然，这个世界本身没有什么意义。甚至，连形状都没有。

另一个重点是——“我”是时间的作用，所以“我”最多是虚拟的，其实没有一个东西叫作“我”。然而有意思的是，虽然它是虚拟的、不存在的，这样的“我”却是我们全部烦恼的根源。

其实，没有一个东西叫作“我”。“我”最多是一个念相。过去大圣人才会说——消失“我”。“全部生命系列”最多也是在表达——化解“我”。

然而，这种说法不光是一个比喻，更是一个大妄想——“我”不可能被消失，因为它本身不存在。假如它真的存在，我们不可能透过练习或修行就让它消失。

就是因为它不存在，我才不断地重复——每一个人都有机会醒觉。但是，醒觉的不是“我”，也不是这个身体。既然“我”跟身体都是虚构的，一个虚构的东西不光不可能体会到真实，也没有必要让它醒觉，所以我们也可以放过它。

换句话说，不是“我”或这个身体可以醒觉。这个观点又和一般的想法刚好相反——是的，有一个东西叫醒觉，也有一个观念叫绝对。但是，不是“我”或身体可以体会到绝对或一体的。那么，究竟是什么才可以体会这个观念？

你我只可能用参的方法，参到底。透过亲自的体验，才可以领悟到，并不是透过任何知识或任何解释，就可以把它描述出来。

我会说“全部生命系列”所带来的都是完全相反的手法，还有另外一个原因。我在这里大胆地说，全部的能力、全部的技巧、全部的方法、全部的知识体，包括任何领域（比如说功夫、瑜伽、静坐），再包括任何观念（甚至解脱或是“全部生命系列”的理论），如果只落在知识的层面，最多只会强化“我”。

因为是“我”懂、“我”有功夫、“我”有耐心、“我”诚恳、“我”友善、“我”可以做瑜伽、“我”是行菩萨道、“我”领悟、“我”解脱……全部这些观念，还只是在“我”的范围内打转，一样也只会强化“我”。

值得我们注意的是——一个人走到最后，自然会发现只剩下臣服和参。透过臣服和参，可以让任何体验、任何观念消失，包括时间。如果走到最后，连臣服和参都起伏不来，一个人也就差不多了。

差不多什么？

接下来，没有话好表达。一切，最多只是沉默，只是安宁，只是平静，只是涅槃。

这里讲的沉默，指的不是没有声音，不是没有动，不是声音或动的对称，也不是声音和声音之间的空当。这里所谈的沉默，本身是一个绝对的观念（假如可以这么称它）。它有一个全面的理解，是领悟到——站在一体，这个世界没有一个观念、一样东西、一个体验有任何重要性，值得再做一个反应，更不用说反弹。

一个人虽然还没有活完这一生，但是就好像已经老早活过一切。一切可以活的都不重要，跟他领悟到的整体一点都不相关。透过沉默，他最多只是放过一切，爱护一切，感谢一切。

透过一切，不管是眼前的众生、东西、事情，他最多只是在体会到自己。而自己，就是绝对，也就是非时间的永恒。

14

一切是注定的吗

Is Everything Pre-determined?

讲到因果，很多朋友会问有没有科学的根据？

我有时候用牛顿的作用力和反作用力来说明，但也知道这个定律没办法完全解释。那么，有没有其他的根据呢？

到这里，我想介绍 18 世纪著名的法国天文学家和数学家拉普拉斯（Pierre–Simon marquis de Laplace，1749—1827）。如果你听过拉普拉斯变换（Laplace transformation），就大概知道他在数学和物理学有很多贡献。他用数学去描述各种天文现象，包括行星轨道的大小、太阳系是怎么形成的及后来又怎么变化，也很早就提到了宇宙应该有黑洞。

当时，他有一套很出名的“科学命定论”（scientific determinism），强调在科学的角度，只要提供完整的条件（物理学家称为状态或前面提过的边界条件），透过科学可以完全预测出过去或未来的变化，比如一个星球的位置、它在宇宙的动作路径和速度。

拉普拉斯认为，我们人活在地球上，这个地球只是太阳系的一小部分，而太阳系又绕着银河系在转，和整个星系相比，人类是不成比例的渺小。如果科学可以预测出整个星系的周转和种种物理的状态，对我们人类当然也一样。甚至，连我们的行为都是注定的、可预测的，我们并没有自以为的自由。

这个观念在当时虽然有很大的争议，但是在接下来的两百年其实是学界的主流思想，直到近百年前大家接受了德国量子物理学家海森堡所提出的“测不准原理”后才式微。测不准原理认为，粒子的主要参数（无论速度还是位置）都不可能完全确定，只能部分决定，最多只能说是一个可能。

但我要提醒的是，量子物理虽然可以解释粒子在小范围的行为，但是对于大的天体的行为仍然无法说明。大家才会期待量子的重力理论。不只如此，奇点或大爆炸还没有发生前，也是量子力学没办法解释的。

再换一个角度来说，测不准原理多少也是勉强成立的，是把一个东西先当作粒子，非要去测量它的速度或位置，才逼出来一个不确定的原理。反过来，如果把它当成波来看，自然也没有什么原理叫作不确定。

很有意思的是，尽管爱因斯坦的研究，包括相对论，其实是量子物理的基础，但他到死前还是不接受量子物理，甚至说“上帝不掷骰子。God does not play dice with the universe.”他认为没有什么事情是真正随机发生的。

这些过去理论或思想的变化，都值得我们参考。

毕竟边界条件也是感官投射出来的。有了眼睛，才可以体会到光速。感官就像是一种主观的门槛。对于感官反应可能更快或更慢的外星人来说，它的边界条件可能是我们的好几倍或几分之一。说不定，有一天我们会突然发现所有的边界条件不只限于这个四维时—空可以测量、可以看到，而可能是远远超过。

就是考虑到四维的时—空没办法解释宇宙全部的变化，物理学家才要去寻找一些隐藏的变量和力量，就像现代最先进的各种弦理论要带出十维、十一维甚至二十六维的参数来探讨其作用。

如果我们扩大这个考虑的范围，拉普拉斯的科学命定论到最后可能还是完全正确——不光这个呈现出来的宇宙是注定的，甚至我们每一个人这一生都是注定的。所有我们体验到的最多是果（outcome，effect），是透过种种边界条件所造出来的。这些边界条件不是狭窄的四维里的变量可以讲清楚的，可能真要像弦理论用十维甚至二十六维的力量才可能解释，透过我们的头脑不可能清楚解释眼前所见的果是怎么来的。

认为在我们的范围内可以体会到“因果”，其实是不正确的表达。因为我们最多在体会果。因，不是可以体会到的，而是在更深的层面老早存在。我们体会的因果，最多是因果的一半——只剩下果。

再讲透明一点，也许在量子的范围还有一个不确定可谈，但是只要延伸到我们的尺寸（所谓牛顿力学的范围），我们体会到的最多是已经成形的果，而不是任何因。

回到物理，我也要再次顺便提到霍金，他说过一句话：“Why does the universe bother to exist?”为什么宇宙需要这么麻烦地存在？

假如我当面听到他这么说，最多也只能回他：“The universe does not care.”——宇宙，根本不在意它自己存不存在。

我借用章末的图来表达不同感官的生物可以体会到的真实。图的右半边，是描述我们人类可以体会到的世界和宇宙，每个星球、每个存在都好像有一个具体的“体”。然而，如果换一个存在于别的星球或别的层面的生命体，就像图的左半边所表达的，透过他的感官（谁晓得他有多少感官，也许五个，也许更多，也许更少），对宇宙的观察和对真理的观念可能完全不同。从我们的角度可能比较容易理解外星人所抱持的宇宙观还是它自己投射出来的，然而比较不容易反省的是——我们，其实也只是如此。

所以，都是颠倒的。一切都是颠倒的。

因为我们有人，才有这个宇宙，才有宇宙初始的问题要去追求。

不然的话，一切都是宁静，一切都是非时间的永恒。

要从其他角落把真理找回来是不可能的，因为它本身不存在或最多是不成比例的存在。站在整体，没有一点代表性。

回到因果，最多也是如此。

因果本身也是头脑的产物。因果是其中一个主要的法，让我们肯定这个宇宙的坚实，透过它可以延续自己的体验，再继续化出更精彩的变化，在虚拟的状态下不断建立一个我们认为有凭有据、自己就足以证明自己的世界。

15

业力、因果，离不开时间

Karma Is Not Apart from Time

因为因果这个主题太重要，我想在这里再做一点补充。

假如我们可以接受“动”、“想”、知识、“我”都是时间的观念，而时间是头脑的产物，那么我们也就可以理解什么是因果或业力。

在时间和头脑的领地，因果业力就是推动全部运作的游戏规则。透过因果，我们才可以把时间创出来的每一个架构产生关系和联结，让头脑可以感觉到每一个架构之间的连贯性，甚至意义。

也就是说，透过因果，我们才可以得到一个全貌，而这个全貌的每个角落本身又有它因果的来源。也就这样，我们可以组合这个人生。透过业力，一切突然都有了意义——都有了原因、都有了来源。Life suddenly makes sense. 人生，突然可以解释、有了意义。也透过这个意义，我们的人生突然有了目的。

我们不光是在眼前的每件事之间排列先后，还同时可以排列体会到或没有体会到的所有事件，并在每件或许相关或许不相关的事之间做一种整体的联结。

业力是我们这个世界的架构，它还是这个世界的动力，又是游戏的规则。让我们更想不到的是，它本身也就是每一个瞬间所看到的后果。

因为业力就是每一个角落，甚至组合起人间的每一个角落，包括我们自己。所以，要让我们看穿业力，是不可能的。

回到哥德尔的数学定理：假如我们在一个封闭的系统，要经过头脑这个封闭系统去了解外面，是不可能的，因为我们并没有一个这样的机制可以去体验。假如我们可以体验到框框的外面，虽然好像已经打破框框而到了更大的范围，然而这更大的范围一样是封闭的，不是全部，我们还是没办法体会到绝对。

业力组合我们相对的世界，局限我们。虽然我们从业力所限制的范围体会不到什么叫整体、绝对、无限，但是我们有很发达的头脑，还是可以投射出整体、绝对和无限的概念。举例来说，从数学，我们可以用∞这个符号来表示无限大。也就这样，一个抽象的观念还是可以落在我们的语言里，建立一套词汇。这样，我才会用有限和无限、相对和绝对的对比来说明。

回到时间的主题，因果本身离不开动，而动自然造出一个时间的排列。回到动的观念，也就可以用牛顿第三运动定律的作用力和反作用力的观念来解释。就像把球往墙壁上打，它会弹回来，而反弹的速度、力量和角度完全和前面球撞到墙壁的速度、力量与角度相关。

如果要套用同样的定律来解释世界，我们因为自己受限于可以看到的范围，自然希望就有个因可以解释这个果，而现象彼此间有联结的关系。牛顿第三运动定律确实可以解释单纯的物体运动，但是在我们可见的范围内无法充分解释各种复杂的发生，也无法完整解释一个人的命运。

一个人出生以来的经历、扮演的角色、所受到的影响——这个作用力和反作用力运作的范围不只是落在我们可以看到甚至想出来的范围，而是很大一部分（应该说是主要的部分）在超过知觉和想象的范围运作。

就像这张图所比喻的，这个打壁球的人，他不光要应付自己打出去弹回来的球，还有其他的球从别的空间、别的方向不断地向他打过来。

我在这里所表达的因果，就好像从各角落跑出来的球，乍看之下不符合我们自己的任何动作。这个打球的人会觉得莫名其妙，哪里来这么多球往自己身上打来？既应付不来，也和他挥拍的动作不吻合，让他预测不到而连一个规律都掌握不了。

然而，站在因果，这其实很容易解释。

因为我们所看到的任何反应，倒不是从任何动作可以回溯出来的，而是从各层面，包括一般人所称的前世、看不到的微细层面所形成的。无论怎么说，它还是符合一个具体的法，是作用力和反作用力“一对一”的运作。但是，这个一对一的对应关系，倒不是我们可以从眼前透过五个感官直接观察到的。

正因许多现象很大一部分是超过所在范围的运作而有的果，自然让我们以为实际上并不适用作用力和反作用力的原则，让我们以为人生不是注定的，而还认为自己样样都有自由的选择。我们很难想象眼前所体会到的其实是“果”。

我们从来没有想过，自己所认为的自由选择依然落在头脑所投射出的固定模式的一个小角落，本身已经是被前面数不完的因所塑造出来的。如果要让我们去影响下个瞬间的果，难度很高，甚至严格讲是不可能的。宇宙每一个角落跟其他的角落都是连起来的，任何动作都和整体分不开。尽管我们想去影响一个角落，这个整体也自然会跟着再做一个修正。所谓的修正也只是把原本固定的蓝图再重复一次。

我常常用这样的比喻——我们所看到的宇宙就像这张图画出来的蓝色果冻，而这个果冻各角落是联结的。就像全息图一样，让我们从每一个角落都可以看到整体，因为它和整体从来没有分手过。我们不可能变更一个小角落而不影响到整体，也不可能整体有了变化，却不影响到一个小角落。没有哪一个动作是单一而独立的。

可惜的是，我们看不到果冻内在的联结，也就以为每个角落或瞬间是独立的，是单独存在的。甚至，还以为我们随时有一个选择，可以改变眼前的一切。

有意思的是，除了牛顿的第三运动定律，还有一个很根本的法则在宇宙运作。我在这里也拿出来做一个对照。这个法则，就是热力学第二定律熵增的观念。在日常生活中，我们随时可以体会到“熵增”的现象。举例来说，周末将家里收拾得整整齐齐，如果没有再继续花力气整理，随着一周过去，原本整齐的物品自然会散得到处都是。

热力学第二定律谈的是，任何力量和能量最后都会消散，达到均匀分布。任何一个有组织的架构，透过时间都会朝向能量最稳定的状态移动，也就是和环境达到一个均衡。就像沙丘，随着时间过去自然会变得平坦，因为从位能的角度来说会比较稳定。

在大自然，我们偶尔会见到有秩序的组织架构，例如花草、动物或人类。这样的架构一样要克服熵增的现象，最多是在一定的范围内得到暂时稳定的秩序，维持我们看到的生命。

后来薛定谔提出“负熵”的观念（negative entropy，后来的人简写成negentropy）来平衡熵增的现象，可以说就像从不知道哪里引入一个额外的动力来维持这个稳定。刚刚谈过，牛顿第三运动定律的运作有很大一部分是我们看不到的。同样地，在这个世界，热力学第二定律的运作也有很大一部分是看不到的。

从我个人的角度，在物质的层面，熵确实随时都在运作。但是只要把意识带进来，让意识变成物质主要的本质，我们也就突然发现，熵增的观念只说明了事实的一半。

我们仔细想，意识的根本态也就是绝对的意识，本身包含全部的可能。它本身的创造力或潜能是无限大的，不光有现在科学家谈的暗物质、暗能量，还可以跟任何物质有直接的互动，只是我们透过五官体会不到。

意识和物质的互动自然会造出一种“负熵”的作用，让很复杂的组织可以存在，而不只是简单组织的散乱总和。我们也会观察到，透过生命，能量反而不会消散，而是可以集中以创出一个比较高能量的架构——更有秩序，刚好和时间或熵的方向颠倒。

对我而言，跟之前对牛顿第三运动定律的解释一样，这个力量只是从绝对的范围随时跟我们互动，平衡我们的能量。所以，生命同样没有违反热力学第二运动定律。

前面提过，爱因斯坦会加上宇宙常数，其实是因为当初他想象不到宇宙正在膨胀。我会谈这两个定理不光是因为它们的重要性（这是每一位化学家和物理学家都早就知道的），而且要表达——我们通常会以为必须在这个时—空满足这两个定理，但是这两个定理其实是在更大的范围成立的。而这个范围，我们一般意想不到。

提到热力学第二定律，我还记得不到十岁时就对这个定理特别感兴趣，还特别去读《非平衡统计力学》（*Non-Equilibrium Statistical Mechanics*，1962）。这本书的作者普里戈金（Ilya Prigogine，1917—2003）后来拿到了 1977 年诺贝尔化学奖。

这本书提到一个观点——从热力学的定律来看，既然能量和秩序会不断地散掉，不断由高到低，这个解散的方向自然带出来一个时间的箭头（arrow of time）。也就是说，我们时间的观念，过去、现在、未来，是这个散掉的方向决定的。

就像这张图所表达的，如果没有刻意去维持一个规律，东西自然会散掉，而这个能量和秩序消散的方向就是我们这个时—空所朝的方向。

虽然这个结论让人印象相当深刻，但我当时有个体会，从整体的角度来看，它还是一个妄想、是一个错觉。是从封闭的系统看能量，才得出这个结论。如果站在整体、绝对的角度，那么任何方向都可能——可以从未来回到过去，也可以不动、不选择任何方向。

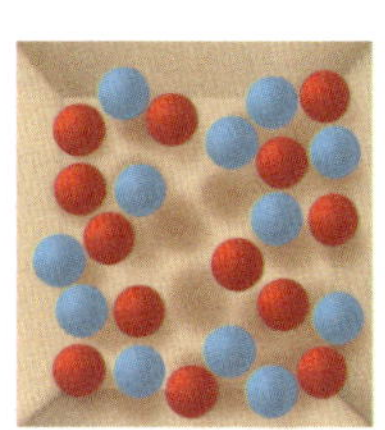

站在整体，一切都已经圆满。无论热力学第一定律所谈的能量不灭，还是热力学第二定律所谈的熵增，都

早就已经满足而不可能违反。只是落在一个小的封闭系统（我们的宇宙的范围内），确实还有一个方向可谈。

在一个封闭的系统，任何结果都老早已经是注定的，因为它本身是由注定的架构和机制所组合。去争论谁先谁后其实没有意义，就好像我们在谈先有鸡还是先有蛋，会突然发现——鸡和蛋两个都不存在，或说两个都存在。

也就是因为没有一个自由可谈，全部都是注定的，只有站在绝对，我们才有资格谈自由。

这本身又是悖论，但确实就是如此。唯一的自由，是我们站在整体、绝对，随时可以选择跳到哪一个角落，也就是选择参与或不参与任何封闭的系统。

让我换另一个角度，再讲清楚一点。

我们会认为，从过去到未来是一个时间的方向。但是，从绝对来看，其实没有方向可谈。有意思的是，我们假如突然跳到绝对的范围，自然从高高低低的能量状态回到最稳定的根本态，也就从费力变成不费力。

所以，假如还有一个方向可谈，其实就是回到绝对。绝对，才是相对最终的方向。

我们一般人会认为，在过去，好像有个时间像箭头一样指向未来，而且认为这个箭头是不可能回头的。然而，比较正确的表达是——最大的吸引力是从相对回到绝对。这个吸引力让我们可能在每个瞬间都找到回去的一个出口，佛陀才会说连一根草、一朵花都会成佛。

正因为我个人认为这些观念是完全正确的，知道从“相对”回到“绝对”才是真正不可能回头的方向，最多只是早晚的问题，我才会透过这些作品不断地一次次提出来，希望你我随时找到这个出口。

16

时间的箭头

Arrow of Time

讲到时间，讲到因果，也就自然会谈到轮回——这是许多朋友一直想要知道的。

就是因为我们透过一般的体验认为这个世界是坚实的，也自然肯定因果、肯定业力，而认为还有一件事叫轮回，甚至会进一步认为轮回应该是有方向的，是从过去往未来推进的。

但是，我要提醒，这还是头脑的作业。整个人生是头脑投射出来的，是我们透过各式各样的喜、恶、爱、憎所吸引或排斥而成的最终产物。其实，没有一个真正的东西叫人生或小我，都是头脑的产物，也没有必要跟着时间的先后顺序运作。

讲直接一点，假如我们这一生想的全都是过去或是几百年前哪一个年代，很可能下一生就投生在这样的过去。我知道这几句话本身带来一个大悖论，头脑会认为不可能，但我最多只能说这要每个人亲自去验证。

最后，连这些观念都不重要了。

就像前面讲的，我们认为身体是真的，甚至是再真实不过了，也就这么创造出来一个世界、一个生命。轮回或不轮回，全部也还是头脑的产物、头脑的投射。

所以，追究轮回的问题，一点都不重要。

我才会说，人类集体的失忆让我们每个人都困在时间里，最多成为又一个罹患“错误认同症”的病例（a case of mis-identity）。我们本来应该跟绝对接轨，但我们非要把自己的身份落在一个狭窄、相对的轨道，才有那么多痛苦而还有一个轮回或业力可谈。

我在《集体的失忆》中提到，人类的演化到后来也就是忘了我们本来就有的醒觉，忘记了这个最不费力的状态，又在《落在地球》中谈到我们要解脱，要跳出全部人类相关的特质，唯一没有提到的是，让我们集体失忆或是落在人类特质的主要力量其实只是——时间。

也就是说，解脱，是要跳出时间的观念。时间可以带来的任何事物、观念、特色，包括人类的发展、思想的转变，其实已经让我们局限了——从自由、无限大的绝对落在一个相对的小范围。

时间，就是有这么大的本事。

任何观念只要与时间有关，本身就在制造一种局限、带来一种束缚、设定一个条件、落入一个制约、划定一个边界。把时间的特质消除，一个人才可以真正自由起来。我之前在《定》中也提到：大定是最不费力的定，是让人从时间的束缚跳出来。

从过去和未来的范围跳出来，我们才可以轻轻松松地活在当下。全部的修行也只是从相对进入绝对，也就是从时间的领域到非时间的永恒。

非时间，其实不是没有时间，而是跳出时间的观念。

要提醒的是，从时间的范围跳出来，会从身心带出来很多作用，就像是一种好转反应。我过去在《真原医》中谈好转反应，主要是从疾病复原的角度来谈，但套用到身心的好转，也是一样的。

一个人要从疾病康复，恢复原本的健康圆满，要经历这样的好转反应。

我常常用这样的比喻：身心就像一卷录像带在回转，让这些症状重新出来，疾病才会真的痊愈。心理疗愈的层面也是如此，许多专家都知道要让过去的创伤重新浮出来，一个人才可以好转。

赫林定律（Herring's law）提到在好转的过程中，症状是由上至下、由内而外发出的。而且，是近期的先出现，然后才是久远前的症状。从我个人的观察，这个定律相当准确。

虽然好转反应的观念和近代西医的主流想法很不一样，然而，在更早之前的西方医学，好转反应的道理其实才是主流。到了近百年，抗生素的使用开启了对症疗法的时代，强调压制症状，才让一切颠倒。

一个人要解脱，也是如此。

在修行的圈子，很少人会提到好转反应的观念。我这里所谈的修行的好转反应，也就是在解脱的过程中，时间带来的全部因果会先浮出来。一个人从时间进入非时间的永恒，要面对相当多因果的转变，会让人相当不舒服。过程中会浮出很多过去的画面，而且不光是这一生的画面。这都是一个人要去面对的，佛陀和耶稣在他们个人的修行过程中都经历过，也就是过去圣人所谈的魔考或灵魂的暗夜。

只有全部的因果浮出来，一个人才可以往回转，才可以真正跳出来。正因为是这样，我后来才会带出这些方法，包括臣服和参，也就是帮助你我面对这些好转反应——身体、杂念或情绪的考验。

最后还是要记得，无论好转反应还是任何反应还是离不开头脑的产物，本身也是头脑再加上情绪延伸出来的。

这么说，好转反应本身也是解脱的工具。面对任何好转反应，臣服或是参让我们潜入意识更深的层面。我们会轻轻松松地发现，面对任何考验（包括好转反应）都不去抵抗或反弹，眼前的好转反应或因果自然会反转而自己消失。

消失掉因果、消失掉种种好转反应，一个人也就自然进入非时间的状态。

17

量子眼中的时间

Time in a Quantum Sense

头两章，我透过物理学的观点对时间做了一个介绍，后来在第 14、15 章又提到注定的观念。现在，我有必要回到物理的层面，用量子物理的基础再谈一次时间和注定。

希望你还记得，我在前面的作品《不合理的快乐》和《定》曾经提过普朗克长度，是 1.616×10^{-35} 米那么的小。一个物体如果小于纳米（10^{-9} 米）已经开始呈现量子的性质，更别说到这么小的地步了。

普朗克长度虽然可以用数字和单位来表示，但仔细想，这个长度其实是不可思议的小。一根头发（如果是亚洲人又粗又直的黑发）有 50 微米粗（1 微米是 10^{-6} 米，百万分之一米），是普朗克长度的 10^{28} 倍。小的原子直径只有 30 皮米（1 皮米是 10^{-12} 米，万亿分之一米），要动用到原子力显微镜这类先进设备，透过原子间作用的力场才可以看到一点影子。然而，就连一个原子都至少是普朗克长度的 2×10^{22} 倍。

我用这两个例子也只是要表达，以我们习惯的尺寸范围来说，说量子完全处于另外一个世界，一点也不为过。回到物理的角度，我们所看到、体会到的范围，远远比量子还大得多，才会说要受牛顿运动定律的影响。

对一个量子来说，在它的世界里，任何“动”或“发生”最多只是一个可能。只是，一旦来到我们这个范围，它就已经固定下来，已是“果”。用命运来比喻，它的“命”已经注定。

我在这里用上页的龙来做比喻，如果龙从量子的世界飞到我们这里，对它来说，本来在量子的世界很自由，哪里都可以去，也可以哪里都不去。就像这张图所画的，龙的位置是虚的，不是固定在某一个角落。然而，进入牛顿力学的世界，龙的位置、形态也就被注定了。就像画里所表达的，龙变得具体起来。

过去一些物理学上的争议，包括为什么确定不了一个量子的位置，因为一观察就固定了它，也就是观察会决定它的结果。这一点，一般人很难想象，但是在另外一个层面又非常合理。因为它从可能变成一个结果，也就这么定局了。所以，才会有一个牛顿运动定律可以遵循。

此外，它还带来另外一个层面的理解——

是人类的头脑在做这个观察。

是人类的头脑把一个可能敲定了。

是人类的头脑把这个世界固定了。

我再大胆往前推一步——是人类的头脑制造了我们认知的世界。这个世界，包括宇宙跟我们人生点点滴滴的经历。

我过去才会不断地提，只要我们认为这个是真实的，也就是肯定这个架构是一个独立的存在，我们当然不断受因果运作的宰制，也就随时在放弃任何选择或自由。

在这个因果的世界不可能有选择，不可能有自由。一切，都是注定的。

讲到注定，最多也只是在肯定——任何现象，包括人、动物、世界，最多只是一个“果”，它前面的“因”不单纯是我们眼前看得到的原因。也就是说，眼前的“果”是从宇宙各角落（包括五官体会不到的角落）

随时建立出来的。我们眼前看的一切都是果，才会说它完全是注定的。

别忘了，是经过我们的头脑才把样样固定下来，才让样样都是注定的。我们经过头脑延伸出来的五官和念头，不光在观察、衡量、评估眼前的一切，而且这个观察或认知本身已经把一个无形无相的东西给定型了。

假如没有观察的动作，其实也没有世界可谈，更不用说有没有宇宙或牛顿尺度的世界可谈。这一点，确实会带来一种难以解答的矛盾，因为我们很难接受——可以看到的样样都离不开头脑的产物。我甚至会说 Everything (*every-thing!!!*) is mind-stuff. 一切、一切的东西、一切的念相、一切我们可以体会到的都是头脑的产物，都是头脑的东西！

接下来，我借用量子物理的语言再继续谈。

尺寸小到普朗克长度以下，可以说“没有东西”了，没有一个坚固的实体。前面提过，就连一个肉眼看不到的原子都是这个长度的 2×10^{22} 倍。

这个范围是我们想不到的微小，在这个范围没有“世界”，样样只是一个可能。我们人类因为大到这个尺寸，自然进入了牛顿运动定律的世界，也就被定型而有一个“体”——“你”看得到“我”，“我”看得到“你”。

这已经是结果。而这个结果，已经定型。

我们在这个全部是“果”的世界中感觉“我”有自由，包括“我”有这个自由把手举起来、“我”有自由可以思考、“我”有自由可以做任何反应……

这种想法是错的。你我从量子的范围一旦落到这个世界的尺度，样样已经老早注定。这不是我发明的说法，而是物理的法则。你我都逃不了这个物理的法则。

很多人没办法联结量子物理和牛顿力学，就在于此。牛顿力学的世界只有果，量子世界要形成到牛顿世界所看到的果，其实是透过头脑把它固定下来的。我们的观察其实一点都不是中性的，它本身就在肯定甚至决定眼前的一切。

这么说，我们表达出来的量子的世界本身也是头脑的产物。

确实如此。但有趣的是，因为量子的尺寸小于我们可以想象的范围，所以头脑干涉不了。也只有这样，我们才可以把它称为还没有发生的可能。

我这几句话，用逻辑是不可能理解的。它的正确性，我最多只能劝你亲自去体验。

——

当然，我现在是从哲学的角度来谈量子物理，而且要再进一步大胆地说：透过“全部生命系列”有一个反复工程，是我们可以做的。

我们其实没有定型，是我们认为自己定型了，是我们的信念（belief system）把我们定型了，所以我们会认为自己是一个体。在我前面的你，最多活上几十年；而在你前面的我，最多也是活几十年。一个人的寿命，也就这么几十年。你我最多是可以选择环境，环境之外最多还有社会、国家。

这是错误的观念。

假如一个人随时可以把量子的自由找回来——在量子的范围，它的运动完全自由，不受任何法则的限制，你我就会发现这一生全部的潜能都会活出来。然而这个潜能跟你我现在规划的完全不一样，完全是两回事。

还有另外一个层面，我过去很少有机会跟朋友分享，因为它最多是反映我个人的体验。

在量子的范围其实没有时间可谈。时间，最多只是因果的指针或坐标系统，带来因果运作的方向。

假如我们透过领悟然后彻底贯通，贯通什么？贯通一切——也就是回到真实，随时回到真实。我们自然会发现物理的一个现象“量子隧穿”（quantum tunneling）是可以活出来的。

也就是从量子最小的尺寸到最大的维度，是可以连贯起来的。连贯起来，我最多借用“量子泡沫”（quantum foam）的比喻继续延伸下去，也就是变成与量子分不开。

我们也就很轻松地不光进入非时间的永恒，更会发现我们全部的潜能都可以轻轻松松活出来。然而，最高的可能是“空”，也只有“空”是无所不在、无所不知、无所不能的，而我们也可以轻轻松松选择什么可能性都不要去实现。

这么一来，我们就能轻松、永恒地停留在“在·觉·乐”。

但是，是谁“在·觉·乐”？

这个念头起不来。

也就这样，一个人可以轻轻松松地找到真正的自己，甚至还可以打破量子物理和牛顿力学的矛盾。

再回到“量子隧穿”的比喻，假如我们穿越一个洞，像隧道一样，穿通到量子的世界，而这两个世界没有分别。你我会突然发现——这个发现，是人生最大的发现，可能会让人掉眼泪，也可能会让人大笑。其实你我从来没有分手过，我们是一家人。

这不是理论，很多人会真正体会到——

没有隔离，没有分离，没有你我的观念。

一切都不存在。

因为一切都不存在，我才可以用一体、道、心来表达。它自己证明自己，自己包括全部，本身就是圆满的，没有一点空间可以有别的东西，连一个可以插足的缝都没有。

在这里，你会一再地亲身体会到这是一个大幻觉。这个大幻觉不值得你不断地伤脑筋、不断地去思考、不断地去烦恼——烦恼自己，烦恼别人。

这是一种很深层面的体会，不是理论。用想，是想不通的。想，最多只会带来一种悖论、一种矛盾。自然让我们继续在因果的范围内运作，而受到因果的处罚或加持，在因果中流转。

这些观念太重要了，影响我们对真实的认识，让我用另一个角度来总结。

我们体会的这个世界，本身是透过时间所创出来的不断的“动”和比较所建立的，所以自然把每一个瞬间连起来，才可能有因果。这个世界本身是因果组合的，你如果承认这个世界，也必须要有因果。两个，不可能分开。

我前面才会提到：在这里，样样都是注定的，而我们一般人所讲的自由选择根本就不存在。我们只要承认这是在因果里运作，我们全部的“选择”当然也是固定的。

我们手中剩下的唯一的选择（假如还称得上是自由的选择）是——不去肯定眼前任何东西、任何事，最多只是让它来、让它走。

要跳出因果，最多只能这样做。

样样表面的连贯性，也就这么把它解散了。把每一个瞬间独立化，让它连不起来，让它自己存在。也就这样，透过非时间，每一个瞬间变成了永恒。

一个人也就不知不觉醒过来，发现“人间是一场梦”绝对不是一个理论，而是完全可以体会到、活出来的。

虽然可以活出来，但是没办法用任何一句话或任何一种象征去描述。因为任何语言或表达还是离不开时间的观念，本身带来一个相对、一种限制，不光跟这种解答的状态完全不相关，反而又把它局限了。

所以，活出来，其实没有什么体验或感受可以谈的。

虽然如此，这种非时间的状态会扩散到这个身体，而扩散的最多是爱、喜乐和平安。

这里所谈的爱、喜乐和平安不是一般所体会的，不是透过某种情境、状况所造出来的，而是无条件的，是“在・觉・乐”的观念。

谈到这里，还是要注意，只要还有这个肉体，这个肉体还是会受到因果的作用。因为它本身是因果带来的，还是会顺着过去的因果延伸下去。所以，一个人该生病、该老化、有身体的需要，还是会继续有。

我会提到许多物理的观念并不是重视它们，也不是认为你我一定要有这些物理的观念才可以对时间这个主题做一个完整的解释或表达。

其实，我的用意是刚刚好相反的。

透过人类目前科学的基础，可能永远没办法解答时间的谜题。在任何科学的领域，人类对真实的理解本身是受限的，不光只能代表显化出来的宇宙，而且还只能代表其中一小部分——不成比例小的一个小部分。

就连整个显化出来的宇宙，都无法用人类现在的工具来完整解释，更不用讲尚未显化出来的部分。

我在这本书会采用这些物理的观念是希望强调：人类整体到了这个阶段，已经快要接近一个非时间、非空间的层面。这个非时间、非空间的层面，对物理学家而言，在理论上已经是一个理所当然的概念，只是一般人比较少注意到这一点。

也可以说，这些理论像指南针一样，指出了人类未来发展所要追求的方向。然而，要真正体会到非时间的永恒，连这些观念都要全部挪开。这种由理论所推出来的知识，对我们最多是带来一层不需要的阻碍。

偶尔，我还可能用一些物理的语言，但是最多只是作为辅助，倒不需要把它当作主角。这样，我希望你可以轻松地读下去，不需要担心自己懂不懂这些物理的比喻。

为了完整，我还是会表达。但是，站在整体，其实它没有什么重要性。

我接下来，反而是想带着你我进入这个最根本的状态。这是本来我们就有，而且随时都可以有的状态，也就是非时间的永恒。

这才是我写这本书真正的目的。

18

时间，让人之所以为人

Time Makes Human Human

我在洛克菲勒大学最早的导师 René Dubos 除了科学研究之外，也是一位作家。他的作品《人！这种动物》（*So Human an Animal*）在 1969 年得到普利兹非小说类文学奖，可以说是美国文坛最高的荣誉。一位优秀的科学家能得到最高的文学奖，又带着欧陆深沉的关怀，当然会备受瞩目。我提到他的作品，是想借着他的书名换个字来表达“So human this being!”“人！这种存在”。当然，两者是完全不同的切入点。

当初，René Dubos 谈的是，我们本来很人性，透过社会的架构，最宝贵的人性正在一点一滴失去。然而，从我的角度来看，无论保留人性还是失去人性，都一样是制约，从来没有离开过时间的观念。也就是说，一切都是颠倒的，就连人性的特质也从来不是我们最终要追求的。

我这本书要谈的是——就连时间，最多也只是一个神经制造出来的作用，可以称为头脑的产物，也可以说是头脑的东西。

说它是头脑的产物，要表达的是——这个世界，最多也只是透过神经系统做了一个先后的排列所产生的。如果用电影来比喻，每个瞬间带来的画面是透过五官捕捉的，紧接着就像电影一格格画面往前或往后播放，愈放愈快，让我们感觉每个画面有连贯性，也就这样造出前面所谈的因果。

就这样，透过神经的作用，把本来不存在的排列凝结成我们的世界，非但让我们再也走不出来，还带来一连串的痛苦、烦恼和失落。

我认为最可惜的是，即使讲得这么明白，但很多朋友还可能认为很抽象，以为是闲人才有空探讨这样的主题。甚至，有些朋友听到我这么解释，接下来的反应是——这些他都认同，但他要回到他的世界，还有更急迫的烦恼在等着他去处理。

这种说法，就像一个人在沙漠看到海市蜃楼的幻觉，为着眼前的骆驼和水不知不觉跳到这个幻觉里，甚至还要赶紧做点事好把这个幻觉里的水收集起来。

假如你跟他说这最多只是幻觉，要他赶快醒过来，清醒地面对这个幻觉，他不光不认同，可能还反弹很大——你明明看到我快渴死了，好不容易看到水，接下来还可以有骆驼带着我走，你难道不知道这有多宝贵吗？还要跟我说这些风凉话？我没有时间跟你谈。你讲的，对我的现实不重要，赶快让我回到比较重要的事。

我相信你读到这个例子，最多是同情这位有错觉的朋友，也可能用你的方法试着对他说明，希望他不要走冤枉路。但是，最后他听不听，还是他的事。你只好安慰自己说这是他的选择。然而，其实也不是什么选择。只是被业力带走而自己不知道。

我写这些书，也碰到类似的反应。有些朋友立即认同，觉得这一生走了好长的冤枉路，终于找到了一个方向。他不光肯定这里讲的，还希望跟别人分享，知道过去是无明，而现在有一道光可以带他走下去。也有朋友本来忧郁很严重，突然发现生命可以有希望，于是得到自信而重新做一个整顿。有许多朋友体会到生命就像在不同的意识摆荡，过去全部都在抓“有”、抓物质的层面（念头也是物质），然而现在可以踩个刹车，体会到生命有个“不动”、非时间的永恒，也可以说是“在”。这一点体会，已经让他走上一条没有回头路的路。

但同时，也有少数朋友，尤其是某个专业层面很强、对样样都有一个既定看法的朋友可能反弹很大。因为这一生完全落在二元对立、相对的范围，几乎是被固定了，让他去改变，难度相当高，甚至可以说是不可能。他不仅内心有相当多的抵抗，甚至会想各式各样的方法去辩驳或阻挡，希望这种说法不要存在。

这些各式各样的反应，最多只是表达我们不同的成熟度。成熟什么？我讲的成熟，也就是反映“非时间”的层面。我们前面谈过，知识是时间的产物。那么，智慧是非时间。所以，成熟不成熟，也可以说是智慧贯通的程度。

而智慧，最多也是在讲绝对。所以又回到前面所提到的，成熟与否，也就是绝对的透彻性。一个人的意识谱是完全站在相对的知识和无明，还是偶尔可以摆荡到绝对的智慧？

成熟，最多只是这样。

虽然，我们只要承认一个人、一个体是真实的，就不可能体会到绝对，因为相对、有限不可能理解无限。但是，我相当有把握，现代人透过头脑的聪明至少可以摸到边、听到边。

光是听到边，也就够了。

接下来，最多是透过臣服和参随时提醒自己。毕竟本来就“得”不到什么，也没有练习可以补强你本来就有的。这里所谈的提醒，最多也只是——把对立挪开，一个人也就找到非时间的永恒。

回到时间和人类的特质，我相信从这个角度切入，你也才会突然明白当时我为什么在《集体的失忆》和《落在地球》要特别提到，一个人要解脱不光是解脱肉体带来的“个体我”，还要解开历史和文化透过时间带来的制约。这样的制约让我们不知不觉认为自己是“人”，而且还有一个“人的特质”可谈。

一个人只要把每一个瞬间交出来，老老实实交出来，不费力地交出来，也就自然潜入非时间的永恒。

在这非时间的状态其实没有什么人、非人、众生、非众生可谈的，连一个念头都不会起伏。所以，他最多只能用沉默、宁静来表达他的领悟。

19

当下，不是过去和未来的对称

Now is on a Different Scale Compared to Past and Future

回到当下为什么这么重要？

严格讲，它不是一个练习。

前面也提过，当下，其实不是过去和未来之间的一个东西。让我用下面这张图来说明这个观念——如果用跷跷板的两端各自代表过去和未来，那么当下并不是过去和未来的对等，而是完全不同的轨道。我在这里，用一个螺旋来表达。

我之所以有勇气在这个时候出来谈这些观念，是因为我认为——任何练习，无论瑜伽、静坐还是所有传统的练习，都还只是一种暂停（time-out）、一种专一而和其他状态互斥的隔离状态（exclusive state）。

只有“全部生命系列”带出来的臣服与参不是一种暂停的隔离，而是进入非时间的永恒，让非时间的永恒和时间随时交叠、同时存在。透过臣服与参，一个人不知不觉随时可以接受绝对与相对，甚至可以轻轻松松滑回另一个轨道。我现在才会出来，甚至还带出“反复工程”的观念。

就是因为当下和时间的观念是在两个轨道，我们从任何瞬间其实“回不到”当下。任何瞬间本来都有“绝对”，所以“回到”当下不是透过任何动力，而是刚好相反——最多把时间的观念挪开，当下和非时间的永恒自然就在眼前。

谈当下带着我们走，最多也只是把非时间的永恒当作我们主要的意识层面，让它带着我们走。心流，自然就流出来了。我们可以完成想不到的工作，尽管完成或不完成任何工作也并不重要。

“全部生命系列”的写作就是最好的实例。从我的角度，没有刻意去“写”任何一本书，最多只是把时间的观念挪开，让当下浮出来，想传达什么也就自然出来了。

有意思的是，对我而言没有“谁”在写，写起来也不费力，甚至连规划也没有，但事后看每一个作品好像都有它自己的生命，它的步调、逻辑就是刚刚好。

我相信你读这些作品时，也自然从非时间永恒的意识层面延伸出一种理解。尽管这些话对头脑会不断产生矛盾或悖论，但是从心的层面，你知道这些话离不开真实。也因为如此，你会不断回来寻、回来找。

我在《神圣的你》《不合理的快乐》也谈过，人类过去的突破都是透过心流带出来的。无论哪个领域的突破，都是从心流出来的。

那么，什么是心流？

心流是非时间的状态，是“在”，是没有念头，是把相对完全交给绝对。或反过来说，是绝对带着心流出来种种的创意——创出一个作品或一个突破。

当然，站在心的层面，没有“谁”在做——严格讲，也没有人可以宣称这是他的作品。假如谁还认为自己是一个作品的创作者，这样的作品不会有长期的价值，更不用谈永久的价值。

所以，非时间其实并不抽象。每个文化也都有类似的表达——什么叫作心、什么叫作稳重扎实。

在所谓的“现代化”之前，社会的步调很慢。一个人如果步调快，像是情绪上反应快，例如急躁或是动作很快，会被认为不扎实。坦白讲，用我们现代人的步调活在古代，一定会被认为不够稳重，甚至会被认为内心有很大的障碍，可能有神经衰弱或有什么重大的疾病。从古人的角度来看，现代社会的步调相当不正常，就好像每个人都放逐了自己、抛弃了自己。

古代社会的人可以随时体会到非时间的观念，而自然停留在这个状态，因为这是最舒畅、轻松、不费力的状态。现代人凡事都用脑筋去想，反而是一种费力的过程。

我过去在很多场合谈到，如果父母希望孩子成为天才（对我来说，每个孩子本来就是天才），那么父母自己要懂得什么是非时间，随时带他进入非时间的状态。

换一个方式来说，修行其实是从“动”到非时间的“不动”。透过臣服与参，最多是提醒我们自己，有个“不动”——非时间的永恒。

一个人假如懂了这一点，他其实不用参，也不用臣服，本来就随时停留在这里、臣服在这里。

【练　习】　肯定一切 Practice: All is Good

我希望这本书不光带来一个理论的架构，还可以让非时间的永恒彻底落到我们心中，成为意识和潜意识主要的部分。非时间的永恒，本来就是我们的本质，只是我们忘记了，才要用许多练习来提醒。

提醒什么？提醒——我们本来就有的。

我在过去的作品，尤其《我是谁》中已经带出各式各样的练习，当作一个提醒。无论臣服、参、I Am 的静坐还是其他方法，最多也只是带来一个反复，让我们踩一个刹车，提醒自己本来就知道、本来就在的状态。

真实，只有一个。我能做的，最多是从不同的角度切入。

所以，在这本书的第 19 章到第 36 章，我会在每一章结尾安排一个练习，看你能不能一整天都进行。一开始可能不熟练，但没有关系，对自己要有耐心，让自己一再重复，慢慢熟悉。

这些练习，会不断回到同样的重点。即使我只称这些练习为提醒，也不要小看这些提醒。就是因为生活中可以随时进行，可以说比透过任何静坐得到的隔离状态更实用。

随时活出这些提醒，我们也就自然把人生当作最好的道场，无论醒着还是睡觉，都可以不断地展开我们本来就有的状态、最根本的状态。

这一章的练习足以汇总这本书的重点，要进入这个练习，你要先体会以下几点。

- 非时间，不是时间的相反。

  当下，也不是过去和未来的对称。

  透过时间，要找到非时间，是不可能的。

  再进一步说，其实没有一个“东西”可以称作当下。假如有个东西叫作当下，每一个人早就活在当下。

- 非时间或当下本身是一个绝对的观念，并不是在相对的时间领域可以找到的。虽然这么说，但只有透过每一个瞬间，我们才可以找到相对和绝对的交会点。只是，这个交会点不是我们一般所理解的瞬间。

  因为每个人只要想起瞬间，其实已经过去了，所以这个交会点并不是透过体验、想或任何观念可以描述的。

  这个交会点，最多只是来表达——时间和非时间在每一个瞬间都同时存在。而这个交会点不在瞬间，而是在我们的头脑或意识。我们的意识落在哪一点——是相对或是绝对，也就自然到了那一点。

  讲得更透明一些，假如我们随时把自己的身份落在这个世界，我们每一个瞬间也跟着离不开这个世界。但是，只要我们把自己的身份从这个世界挪开，随时知道“我”跟绝对分不开，我们每一个瞬间也就跟着活起来，进入一个非时间的状态。

  也就是那么简单。

还有另一个重点，随时要提醒自己:

- 我们所看到、可以体会、可以想到的一切，全部都是果，没有一个东西叫作因。就是有一个因，也不是我们可以体会到的。所以，去找因，永远找不到。

  只要我们肯定这个世界是真实的，甚至认为自己所看到、所想、所体会、可以用语言描述的，样样都是绝对不变的存有，那么对我们而言，因果当然存在，而且样样离不开因果。

因为我们可见的世界是因果组合的，我常常说，最难懂的是，外围每一个人、每一件事物最终都是同一种东西的组合。而且，这个组合的源头也是因果化出来的。在这样的框架下，我们这一生可以活出来的没有一项不是因果。世间的一切是注定的，也没有什么东西叫作自由。

接下来的练习，最多只是透过我们每一个细胞、每一个领悟、每一个反应去知道、肯定、体会前面这些话。

面对任何事情，再好、再不好，都可以彻底去接受。一切都安排得刚刚好。

面对任何灾难，还是刚刚好。刚刚好，透过它们，我来到这里现在，可以肯定一切都刚刚好。

即使我可以自由选择，我最多也只会选择每个瞬间所带来的考验和一切。而我充满着自信，知道没有一件事情我会希望转变，也没有任何想得到、想追求的。

我完全知道，没有一样可以“做”的，能够影响我本来就有的绝对。我本来就是绝对的存在，绝对本来就是我。只是因为忘记了，还需要做这些提醒。

一天，重复几次。

就连刚睡醒或要睡了，也不断地做前面的提醒。

一开始，你可以把这几句话读出声音来，帮助自己进入这个状态。熟练了，你便可以用自己的方式，把这些观念带出来、活进去。

一天下来，你可能遇到各式各样的状况，有时候不免质疑这些话的正确性。这时候，这个练习特别重要——也就是接受眼前的不安、恐惧、质疑、愤怒、失落、反弹、追求，不断接受自己还有许多问题、还有一个相对和绝对分别的观念、还认为醒觉不可能那么容易、还认为有一个练习可以让自己醒觉。

不断接受眼前的状态，一个人自然就进入臣服。如果还有非时间和当下的观念，也就承认自己还有这个状态。

这些提醒和练习，虽然在其他的作品也谈过，但我相信，走到现在，你的体会和它的力道会跟以前完全不同。

把这个练习落到生活每一个角落，一个人自然体会到，一切经历都是注定的。虽然是注定，只要选择接受一切，也就自然发现在生命更深的层面没有什么叫作注定或不注定。

透过肯定、接受每一个瞬间，我们自然跟生命的绝对接上头，轻松而不费力地把我们意识的中心或注意力移到绝对的层面。

20

在非时间的永恒，
没有过去未来，还可以运作吗

Can One Function in the Eternal Now, Without Past or Future?

前面提到，过去、未来和当下不是在同一个意识轨道。

过去和未来是头脑的产物，是脑在运作，本身是相对的逻辑。然而，当下是一个不费力的绝对。

活出这个重点，就是这本书带来最重要的钥匙，让我们随时在时间的范围找到一个门户，可以从这个门户跳出来。

假如我们把当下也错当作一个相对的观念，误认为当下只是过去和未来之间的空当，反而找不到这个门户。

一个人最多只需要把相对所带来的观念挪开，绝对自然会浮出来。因为它在相对的每一个角落都存在，只是好像被相对盖住了，才让我们找不到。

虽然这里提到相对可以盖住绝对，但其实是盖不住的。两者不相关，在不同的意识轨道。只是因为我们把自己完全摆到相对的范围，才会忽略还有一个绝对的部分，从来没有离开过我们。

仔细想，把注意力集中在已经过去的一切或烦恼未来的规划，其实无法为我们带来任何改变，最多只是增加烦恼。可惜的是，许多朋友，

哪怕在修行或瑜伽的领域投入了很久，一谈起过去还是愤怒，还是失落。所有的纠结，都离不开过去。过去，就像一个墓地，我们每个人都离不开。

我们都忘了，就是因为把自己投入相对，才会有那么多烦恼和痛心。如果我们不断回想过去，想透过头脑找出一个解决方案，这本身已经把所有可能限缩在很窄的范围内，更不用谈这个范围本身就是一切问题的来源。不断回到这个很窄的范围，也就是一再肯定这是我们全部的可能，肯定种种的因果，而让我们随时忘记连因果都是头脑的投射。

同样地，我对许多在烦恼和失落的朋友，也是劝他们要把全部世界、眼前的问题挪开，不去想它们。这样一来，反而会从心里流出眼前所需要的答案。而且，这些答案比头脑刻意想出来的更有力道，能更好地解决问题。

不继续肯定过去、未来或眼前所带来的因果，一个人自然会把自己的身份从相对的范围挪到别的地方。

挪到哪里？

不用追求，绝对的体会自然就出来了。

绝对，我们的体会最多也只是非时间的永恒。其实，一个人在非时间的范围，自然会让身体体会到什么是乐。而这个乐是不费力的乐，是在·觉·乐，跟我们追求或得到什么一点都不相关。

前面提过，一个人随时停留在非时间的当下，自然会发现连参和臣服的练习都是多余的。因为站在绝对、全部或一体，不需要再加一个层面，也没有什么东西叫作练习，而可以把谁带回一体。

非时间的永恒，本身就是全部，也就是生命全部的潜能再加上种种可能。

我们全部的矛盾，也跟着消失。

【练　习】　参，把自己从时间挪开

因为头脑回路的运作太快，我们有时候不知道自己在想，却突然体会到一种伤痛、不舒服、不安、恐惧、窝囊……这时候，重点是不要去分析事情，最多是轻轻松松地问——为谁，有这些情绪？

答案当然是——我。

我，是谁？

这个问题，没有答案。我们最多是跟着“我念”（I-thought），跟着这个“我”而有的念头，一直贴着它走，走到它的根源。而它的根源，是没办法回答的。这时候，就停留在这个没有回答的空当。

我们会发现，这个没有回答的空当愈来愈长、愈来愈宽广。

我们自然会快乐起来。没有事，烦恼，也就忘记了。

这是最好的疗愈方式——不去分析悲伤，而是把自己从时间挪开。

面对问题，最好的方法反而是——不去面对它，把它挪开。这不是逃避问题，只是把脑挪开。

该做的，自然还是会做，反而没有记忆的重担。

21

困在时间，一个人永远不会快乐

You Will Never Be Happy if Trapped in Time

有了时间的观念、有了人的特质，我们自然会发现自己大部分时间都停留在过去——过去的痛苦、过去的失落、过去的损失、过去的委屈、过去的伤害（包括自己和别人的伤害）、过去的失败、过去的打击、过去的创伤、过去的学习、过去的成就、过去的光荣……

这一切，全都离不开脑海虚拟的现实。

全部，都是从“我”的角度在观察、在衡量过去。

这些过去的记忆不光带给我们痛苦，而且还强化了“我”。就连好事、喜事、快乐的经验，也都在强化“我”。因为有这些经历，“我”们自然会期待更多，希望能够再多重复几次。

有了过去，才自然会有未来——又是一个虚的境界。

要把头脑挪开，不受时间的限制，从古人到现在都一再强调，唯一的方法也只是回到瞬间。但是，这里头有一个大的秘密。

其实，瞬间是回不去的，因为并没有一个东西叫瞬间或是当下。希望你还记得，只要我们可以讲出一个东西叫瞬间，它已经变成过去。我们可以想到它，它已经过去了。即使用各式各样的练习和方法去进入，也不过像在追一个阴魂。表面上好像追到了，但是，追到了什么?

最多，是过去的一个影子。

它已经过去。

这个秘密是——不去管有没有什么东西叫作瞬间，最多只是对眼前任何东西不要做个反弹。

我讲的反弹有很多用意，首先，不要让眼前的东西把我们带走，让自己认为很真实，还可能想做一个反应——喜欢不喜欢、讨厌不讨厌，甚至想去改变。

不反弹，也代表你我完全知道——一切都是业力组合的，不值得也没有必要去抵抗。老实说，也抵抗不了。

不反弹，还有另一个意思，也就是之前的练习所提到的——对生命充满信任，知道我们走到这一天、走到这里都是刚刚好，我们现在有的互动都是刚刚好。你我过去好像走过许多冤枉路，在整体来看也是刚刚好。因为有这些经历，才会走到这里。而这里，又是刚刚好。

所以，不去对任何事情、任何发生，产生抵抗和反弹，不知不觉，一个人就回到瞬间。因为没有任何一个东西抓得住他、吸引住他，他用这种不费力的方法自然打断了因果的联结，也就把每一个瞬间单独化，让每个瞬间新鲜地活出它自己。

一个人会突然发现，过去所体会到的瞬间与瞬间之间的联结并不是瞬间彼此在做联结，而是我们的脑——是透过你我的知觉再加上念头，把瞬间粘起来了。

假如不去理会这个瞬间，它连不起来，一个人也就突然自由起来，知道这一生可以有的唯一的自由选择，也只是——不去选任何瞬间。

其实，谈自由或不自由，本身还是相对的语言。一个人不断地不去做任何反弹，他的注意力自然已经摆在绝对的层面，接下来连自由不自由的辩论都起伏不来。

现在一般人所关切的话题，你会突然发现跟你一点不相关。你完全知道，再先进的课题都会带来不快乐，会不断延伸更多相对的范围。但是，这么讲并不正确。毕竟从绝对的角度来看，任何相对的领域其实不会影响到它。

站在绝对，有这些知识也好，没有这些知识也好；有时间的观念也好，没有时间的观念也好。就连什么叫作瞬间、过去或未来，跟它其实都不相关。

这些话，最多是我们人类自然在没有事中生出许多事来（much ado about nothing）。

【练　习】　不加形容词

只要我们看着世界，有认知，包括前面提到的知识、分别、判断，都离不开时间。

试试看，一天下来，任何事情，好好坏坏都不要去区隔，不要再加一个形容词在上头。

像是大、小、长、短、高、矮、胖、瘦、漂亮、不漂亮、好、不好、有用、没有用、有帮助、没有帮助、有爱心、没有爱心、聪明、愚笨、善良、坏心、慷慨、小气、活泼、呆板……这些形容，我们都不要使用，不要加到所见的任何人事物之上。

一天下来，无论见到、听到、闻到、尝到、触碰到任何东西，完全站在一个中立的角度，我们自然成为一个见证者（watcher）——看着样样都让它来、让它走，不在上面再加一个念头。

站在中立的位置，我们自然会发现样样都跟自己不相关。这世界，跟自己不相关。好坏，不会让自己动摇。任何经历，我们并不需要用快乐、不快乐、痛、不痛、兴奋、悲伤、刺激……这些词汇来限定，而自然发现自己随时在做一个见证者。

一个人发现自己随时在做见证，自然没有时间或非时间的分别，随时都在当下。甚至，就连“当下”的认知也起不来。最多只是做见证。

22

只有在“非时间”的永恒，在・觉・乐才会浮出来

Sat-Chit-Ãnanda Can Only Unfold in Timelessness

我们可能想知道，一个人进入了非时间的永恒可能会怎么表达？会怎么流露出来？

其实，最多只是——在・觉・乐。

严格讲，非时间的永恒也不是一个“状态”。只要一讲状态，就还是一个相对而局限的观念。毕竟谈“状态”要用语言表达，然而任何语言的表达自然又受到局限。所以，其实没有什么东西可以被表达、流露出来的。

我常常说，就算佛陀在眼前，一般人也绝对认不出来。因为我们看别人最多是看自己，是在投射自己的观念、自己的期待、自己的制约。

但是，在这个世界，我们有一个体——身心。用这个体、这个身心去觉察绝对，最多也只是透过在・觉・乐。

再加上爱。

再加上平等心。

再加上宁静。

让绝对带着身心走，这些现象自然会浮出来。

我才会不断地说，在·觉·乐，再加上爱，再加上平等心，再加上宁静，是我们根本的特质，是本质，是不费力。

我们还没生出来就有这些特质，不用去找，也找不到。

人类很有意思，虽然透过“动”找不到，但是在脑海里我们隐约记得自己体验过这些特质，可以被这些特质共振。圣人与周遭共鸣的，也就是这些特质，只是我们透过头脑不能理解，而还需要追求、需要去找。

我们可以想象，这一生在追求的其实都是这些特质，只是方向错了，误以为要往外找。从来没想到，只是轻轻松松地把注意力转向内，它就浮出来了。

醒觉也是如此，找不来的。透过肉体，活不出来的。最多是让我们把全部的寻、找、想要……都放掉，甚至连醒觉的观念都丢掉，才不知不觉醒过来。

醒过来后，自然随时都在——在·觉·乐，然而这个在·觉·乐，和任何条件都不相关。

我相信读到这里，你现在听到我说我们是永恒的生命，再也不会惊讶了。因为“我们”不是肉体的“我”。肉体的“我”是无常的，不可能有任何永恒的特质。

我所讲的永恒，是绝对。

而我们就是它。

【练　习】　一切都刚刚好 It's all OK!

非时间的永恒，是一种没有区隔、没有念头的状态（让我们先借用“状态”来继续谈）。臣服，最多也是一种没有念头、没有分别的状态。

一个人不断懂了这一点，知道非时间的永恒是自己生命的本质，自然会把眼前发生的所有大事小事都交出来。

交出来，最简单、最直接的方法也就是接受眼前的一切——眼前的事情，无论好坏，都不断地接受。一切都好，一切都刚刚好，就是叫我决定，也就是刚刚好是这个决定。

这个接受，不光是接受眼前的事情，而是有更大的一个层面——接受真实。我们知道真实不至于被眼前的事情盖住，接受眼前看来很不好的事其实是接受——全面、一体、绝对远远比眼前不好的事更大，甚至我就是它，是绝对。这才是臣服。

我们对一切都可以肯定——一切都刚刚好，都刚刚好。

透过这种臣服，我们看能不能活出耶稣被钉上十字架受苦时对上帝说的“Let thy will, not mine, be done.”（不是跟从我的渴望、我的想要，而是你的），也就是样样把自己交出来——交给非时间的永恒，交给生命的主。

23

非时间的永恒，真的存在吗

Is Timelessness Real?

我在这本书用了好多篇幅谈时间跟世间的关系，既把时间当作一个此生要超越的阻碍，又把时间当作一个动力，而这个动力从整体把我们局限在一个具体的小范围。

进一步讲，时间其实就是我们的束缚。

时间，不光建立空间，还随时让我们停留在过去或投射到未来，也就随时让我们忽略掉瞬间。其实，只有瞬间，并不存在时间的观念。所以，从古至今的大圣人都强调瞬间、当下的重要性。

我们真正应该问的是——Is timelessness real? 这个非时间的永恒是真的吗？可能存在吗？假如随时在非时间的永恒，我们还可以继续生活吗？

从我的角度，这才是真正应该探讨的重点。

答案，相当简单。

非时间的永恒，不光是我们随时可以活出来，而且比任何人想象的都更简单。简单，是因为它不费力。但是，我要再提醒一次：只要有个费力、有个动力，就不可能在非时间的永恒。

我也要大胆地说，这个身体、肉体不可能体会到非时间的永恒。因为身体本身是“动”所产生的——是透过我们头脑投射出来的，再加上比较，才有一个东西叫作“身体”或任何体。

肯定这个身体，认为它再真实不过，甚至认为它有个独立的重要性或认为它才是延续生命的机制，我们也就自然把注意力落在“动”或时间的范围，也就自然跟着生、跟着死。

所以，透过这个肉体（甚至身心），一个人是不可能开悟的，不可能领悟到什么是绝对。因为只要还剩下一个人、一个主体可谈，要去体会一个客体——绝对，还是在“动”的范围、在因果的范围里作业。再进一步说，我们以为相对可以去吞并绝对，甚至掌握绝对，这是不可能的。

我才不断提到这些观念，甚至还进一步大胆地说：透过任何领域的本事，都不可能体会到绝对。甚至，任何“动”所带来的观念最多是再加上一层阻碍。

可以想出来的任何领域或本事，包括文学、哲学、科学、商业、政治、理念、运动、修行、练习、瑜伽、气功、功夫、打坐、祷告……都不可能把我们带回家——非时间的永恒。然而，非时间的永恒才是我们最轻松、最根本的状态。

我只好再三提醒，大家都找错切入点了。其实，没有一个切入点，毕竟连“我”都不存在，业力当然更不存在。就是认为“我”和业力存在，我们才会建立一个完整的时—空，才有练习或修行可谈，甚至还要臣服与参。

否定一切，连一个醒觉的观念都没有，一个人不知不觉也就醒过来了。

你看，这是不是又再带来数不完的矛盾或又建立了一个悖论？

不用担心有没有“非时间的永恒”，即使你我不承认甚或否定它，它还是存在的。它就是我们的本质，你我不可能丢弃它——要丢也丢不了。只是，我们去找的对象、方法、锁定的范围，是不正确的。

因为它不是可以“找”到的。

【练　习】　一天下来，都不要提“我”

试试看，可不可以一天走下去，没有“我”。

仔细观察自己，一讲到“我”，例如“我”想去洗手间、“我”想吃饭、“我”认为、“我”想、“我”觉得、“我”有什么感受……我们会发现这些话都是从小我局限而个人化的角度在讲。然而，站在整体，这个小我根本不成比例。它本身是一个幻觉，就像是多余的。

试试看，可不可以一整天从早到晚，不再讲“我”。

平日要上班也许不方便，不妨在周末试试。就像有些朋友会在周末断食一样，我们来试试看——在周末，断“我”。

如果忍不住还是会说“我”，也可以这么做——把“我”当成第三者，好像是在讲别人一样。举例来说，我用英文会说“I is hungry.”这样的表达，在文法上不通，自然带来一种突兀感。用中文，也许可以在中间，加上一个助词——“我”是饿，“我”在饿……试试看，这么练习，是不是能够观察到“我”，然后在心里加上一个问题——那么，我又是谁？

这么练习下去，不知不觉中，连平日上班、生活、和人互动，自然会踩个刹车而可以做一个参的功课。

一天下来如果随时不讲到“我”，是相当可贵的。许多转变已经完成它自己，就连“要意识转变”的这种念头，都不需要再加上。

这时候，自然会发现不需要再“找”一个非时间的状态。

只要清楚地看到“我”的起步或是“我”的来源，随时让这个动机消失它自己，一个人自然不费力地活在非时间的状态。

24

放过身体，让它自己存在

Let the Body Be

一个人懂了这些，我认为在更深的层面已经可以领悟到这里所谈的，只是回到头脑，它还是会有个反抗的作用。

你自然会发现，“全部生命系列”的作品以及从古到今的每位圣人和每部经典，都在谈不同的意识层面——非时间的永恒、绝对、无限的层面。然而，时间的层面是相对而局限的范围。

既然我们的头脑要靠相对才可以运作，自然会认为绝对不存在，甚至要把它排斥掉，同时也会担心绝对把相对消除掉而产生一种惶恐、一种不安。被消除的恐惧，自然要冒出来。

每一个人只要去追求真实，都会遇到这样的恐惧，在这个过程中难免会产生很多质疑，甚至可能浮出前一章还没有完全回答的问题——假如一个人完全回到绝对，相对的身体还可能存在吗？我们还有一个生命可以照顾吗？

答案，又是相当简单。

假如把“我”或是相对的意识状态全部交给或臣服到绝对，我们不光可以活下去，而且活得很好，甚至还特别好。

首先，臣服到绝对，是表达顶礼和信心——肯定生命有一个比相对的“我”远远更大的力量，而且大到不成比例。我们承认这个力量是真正的造物主。假如它可以延伸出银河、太阳、地球、月亮，怎么可能有所不知？怎么可能有所不能？怎么可能不影响到全部？

把相对交给绝对，最多也只是让生命最大的力量带着自己走下去。这么一来，我们会突然发现——不是小我、头脑带着我们走。我们过去跟着小我走、跟着头脑走，到头来只会走错、走冤枉路、走到烦恼和悲伤。

把自己交出来，会发现问题没有了，任何矛盾都消失了。

世界没有变，但是“我”变了。

有意思的是，全部世界跟着改变了。

有些发生，本来会让我们不舒服、觉得委屈、后悔再后悔。我们会突然发现没有一件事有绝对的重要性，甚至不去反弹，它也就自己消失了。

我们放过这些问题，也就好像这些问题把我们放过了，让我们的生命有个重新的组合——重生。

放过这个身体，其实不是放弃这个世界，不是放弃家庭，不是放弃事业、环境、责任，最多只是不需要再刻意用头脑去影响结果，而是反过来让生命最大的力量带着我们走，避开头脑再一层不必要的过滤。

这时，我们不用担心头脑还在运作，毕竟就连上洗手间还是需要神经的指令，只是过去反复受刺激的头脑回路现在不再去用了。

这么一来，一个人突然“活”了起来。他发挥的创意比任何人想象的都大。尽管如此，对他而言，没有“谁”在创作，是谁在创作，也不重要。任何创作都还是在相对、二元对立的因果在作业，才有一个创作。

一个人在这个阶段，别人眼中不可思议的创作或表现，他根本不重视，也不认为是一个事。他最多是充满信心，让身体完成它这一生来所要完成的。

他知道身体是因果的组合，假如之前没有肯定因果，这一次也不会来。既然来到这个世界，有这个肉体，还是要受到因果的限制、流转和作业。身体来有它的目的——有事想完成或不完成，然而他也不会去重视这些，最多是轻轻松松让身体完成自己。

有些人表达能力比较好，自然变成老师，他讲的课可能超越任何人的想象。有些人过去是画家，可能透过他的领悟画出一个跟这个世界不相关的画，带给其他人更深的领悟。还有人可能是运动员，连想也不去多想，只是透过心里的流动活出每个瞬间，自然进入一种非时间的专注。别人认为他超越了人类的极限，对他来说，不会特意去想。

我们在每一个领域都可以观察到这种表现。有趣的是，这种表现对这个人一点都不重要。重视的，反而是别人。

也有人醒觉过来，选择完全避开这个世界，一句话都不讲。但是，不要小看他的“在”（Presence），可以撼动整个世界、震动一个法界，让外围的频率跟着他一起提高。

不过，这里谈频率和提高最多也只是一种比喻。对这个人而言，什么都没有。一切都是大幻觉，是头脑的产物。他知道自己没有一个体，就连别人也没有一个体，又哪里还有频率甚至去区分频率的高低?

进入非时间的永恒，我们最多只是自然活出最轻松、最舒畅的根本态。在这个状态，代谢自然会慢下来，我过去用生物的冬眠或夏眠或是“定”来描述这个状态。

一个人假如可以完全停留在这种状态，停留在非时间，这个身体也就好像进入一种休眠的状态。饮食、喝水、排泄……种种生理作用都慢下来，甚至停下来。最多，也只是停留在欢喜。

但是从一个更高的层面来看，无论他在动、在完成事情还是进入不动、在休眠的状态，都是一样的，还是没有一个“谁”在做或不做。没有一个“人”在计较、在体验这些经过。

假如你读到这里，还是产生这样的问题——接下来，怎么活？我建议你，还是要做臣服和参的练习。毕竟，对你而言，还是有一个世界好过或难过的观念。这世界对你还是真的，所以业力对你还是在运作。

【练　习】 放过一切，包括身体

放过一切，尤其是自己的身体，这本身就是最好的练习方法。

一早刚醒来或夜里入睡前，把身体每一个部位产生的感受——无论是痛、舒服、沉重、麻、痒、酸、温热、冷，甚至有时候说不出是什么的感受——只是感受，轻轻松松地观察，接下来选择放掉。

放掉的方法，也只是提醒自己——这些身体的反应和感受，还是离不开小我。这个小我，跟我们永恒、绝对、非时间的状态一点都不相关。

一天下来自然会发现，其实我们可以经过很长一段时间没有任何念头或感受可谈，反而还可以过得很好。一直到睡前最后一刻，假如有念头、有感受，一样提醒自己——有任何感受，我都知道，而都把它放掉。

不断地提醒自己——我从来没有跟绝对分手过。

我在《全部的你》这么比喻：一个人是圆满的，就像张开的手是放松、轻松而爽快的。绝对、非时间的永恒是打开的、是开放的。

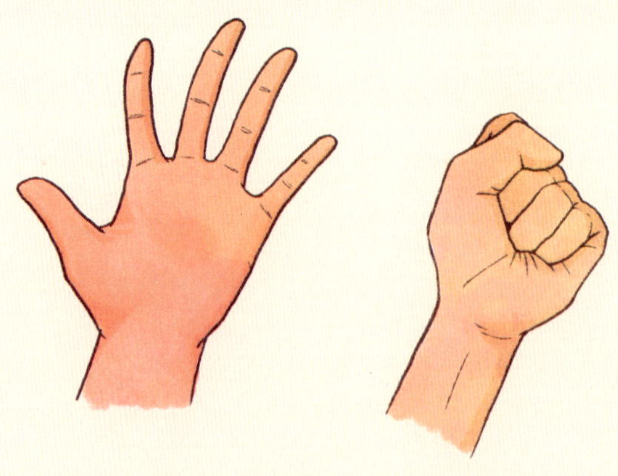

我们不断观察自己的感受，放掉、再观察、再放掉，自然会发现——只要有任何念头、任何感受、任何动作、任何观念，最多是带来一个层面的萎缩。就像原本张开的手握了起来，把自己局限到一个角落。

一个人假如可以随时见证自己的念头、自己的动作，我相信再次看到这张图，体会已经完全不同。他自然会知道非时间的永恒是最简单、最轻松、最不费力的，而一切的经历反而是费力的，是全部烦恼的来源。

有时候，在念头或感受上难免踩不了刹车，比如哪个部位正在痛、不舒服，或内心有很沉重的压力。这时候，可以加一个参的功课，提醒自己——

为谁，有这个身体的感受？

谁还不舒服？

谁还心里闷？

谁还在意有没有身体，有没有感受？

答案，又只是——我。

我，又是谁？

25

任何练习，还是离不开时间，离不开“我”

Practice Requires Time,Which Fortifies“Me”

因为这个世界跟真实（我指的是永恒、绝对、心、在）完全是颠倒的，完全站在不同的意识轨道，我才会不断提到“反复”的观念。

我甚至认为一般修行的观念即使不能说是错，也都是颠倒的。

全部人可以“做”的，都在强化“我”。无论任何领域，包括修行或不是修行的领域，只要跟身心相关，最后自然都会强化“我”——“我”最清白、“我”很敬业、“我”最珍惜别人的努力、“我”有很深的功夫、“我”的瑜伽姿势特别标准、“我”的气感非常强、“我”的神通最灵验。甚至“我”懂、“我”知道、“我”领悟——一样地，都不断在强化“我”的观念。

有意思的是，虽然绝大多数的修行人也懂“我”是全部烦恼的来源，却没想到透过重复的练习反而不知不觉中更强化了本来想消失的“我”，也就在某一个领域或宗教开始运作，甚至会认为那是唯一可以把人带到真实的轨道而可能透过修行或宗教造成冲突，甚或带给其他人伤害。

我也担心，就连这里所讲的“全部生命系列”有一天也会化出一个头脑的系统，自然失去新鲜的力道——让一般“聪明”人以为透过头脑可以掌握。就这样，它本身又变成了另一个束缚。所以，我才透过这些作品，包括这本书，再次提醒——一个人要醒觉过来，不是靠任何“做”，更不用讲时间。

醒觉，是急不来也慢不来，甚至没有一件事可“做”。

一个人假如彻底懂了这些话，自然会发现——其实，自己已经在绝对。

你要找的你，已经老早找到了。

它不是透过“找”可以找到的。我们最多只是承认它，或是把注意力轻轻松松滑回到最根本、最不费力的状态。不过，只要还有一个认知，就已经又滑出来了。然而，就算滑了出来，也没有什么损失。懂了，又滑回去了。我过去才会在《神圣的你》用滑冰的比喻来表达。

但是，是谁在滑？其实也值得注意。

假如还有一个“你”或“我”在滑，你还是有一个“谁”在做的观念，而这个在做、在滑的“谁”本身就是“我”。

甚至，假如你还有一个体验，还有一个多深多微妙的领悟可谈，很抱歉，你还是在一个相对的范围运作。

假如你还认为自己有领悟或开悟，小心，你可能还没有醒过来。

假如你突然讲话变得很慢或是宁愿闭着眼睛面对这个世界——就像是要透过行为表达一种更深的领悟，要注意，你其实还在打转，还认为醒觉跟这个世界任何东西或行为是相关的。

假如你还认为修行还是靠功夫，甚至强调能够长时间坐着就反映了你个人的成就，那么要提醒的是，这个定可能还是小定。甚至，你不光忘记了醒觉跟这个肉体一点都不相关，还可能把身体折腾坏。你可能坚持一定要坐着不动，或是坚持只能动，不能休息。值得留意的是，无论哪种坚持，你或许都还没有贯通，还误以为“不动”或不休息等于“在”。

其实，相对和绝对，这两个世界一点都没有矛盾。

矛盾，是头脑设立出来的。

站在绝对，你想怎么做，它根本不在意。你是想坐着，用气功或瑜伽的姿势睡觉，还是用语言或沉默来表达领悟，和它一点都不相关。它也一点都不排斥，知道怎么做，都没有代表性。

一个人懂了这些，放下了、没有事了，再也没有矛盾，也就可以宁静下来。

我知道，很多朋友读到这里心里会不舒服，觉得我好像在泼冷水。但是，我之所以还是要提出来，其实是舍不得看到这个世界跟我个人体验到的完全颠倒，才用这种语言来表达。

最后，一个人最多只可能慈悲，因为知道没有一个慈悲的对象、没有一个人有错或对的行为，最多只是拿这些话做一个参考，读完了，也就放到一旁。

不要拿这些话当作尺子，处处拿着比对，甚至拿来责备自己、检讨别人。

这些，都不重要。

我们还是轻轻松松回到自己，然而“自己”不存在，所以最多只能让绝对活出我们，活出一切。

【练　习】　没有练习的练习

读到这里，你或许已经很自然地可以接受这样的练习。

虽然这个方法其实只适合少数人，不见得适合每一位朋友，但我还是想把它带出来。

这个方法，就是没有方法的方法。不光是肯定一切，或是透过“参”否定一切，或透过“臣服”随时停留在非时间的状态，而且是愿同一个瞬间我们都能活出这本书所讲的全部观念。

“随时活出全部”的方法，也就是在肯定没有一个方法可练习或可谈，而同时在肯定——透过任何方法，最多我们只是回到原点。原点，也就是你我本来就在的这个点。

这么一来，全部的观念都可以丢掉。生命所带来的所有变化其实都跟自己不相关。有，没有，都好。

这一生要来完成的，其实老早已经完成，因为没有什么“东西”可以完成或值得完成。只要有个“东西”可谈，还是离不开这个世界的观念，而任何观念又带来一个局限。

知道这一些而可以彻底接受这些话，一个人也就轻轻松松地醒过来了，自然活出非时间的永恒，知道自己本来老早就是醒过来的，也知道什么都没有发生、什么都没有得到、什么都没有丢掉。

一切，老早都圆满了。

哪怕还没有接触到修行，还没有接触到这本书，还没有接触到“全部生命系列”所谈的观念，其实也老早就已经圆满了。

26

时间是一个“瘾”

Time is Addiction

我们也许会认为咖啡、茶、烟、酒、毒品、各种享乐是这一生最大的瘾头，但其实不是。

更大的瘾头，是我们的念头。

念头，本身又只是时间的产物。反过来也可以说，时间是念头的产物。

我们从早上一睁眼，开始有念头，就已经建立了一个时间的架构，而时间又延伸出一个空间的观念。这样一来，一天就产生了数不完的念头。没有念头的片刻甚至可能连一秒钟都不到，但是，我们一般绝对注意不到这个现象。因为随时有念头，已经变成了生活的常态。

反过来，少了念头，一般人非但不习惯，还可能认为少了什么东西，怎么样都觉得不对劲，接下来，自然就去追求念头。

念头的吸引力比任何人想的都更大。它本身可以建立一个完整的世界，还可以制造一个因果法，让我们把生命每一个角落都连贯起来而可以取得意义。我们可以想象，假如念头的吸引力不大，不可能那么彻底地把我们骗走。

所以，其实真正的修行是面对人生最大的瘾头。这个瘾头，还不用

谈到贪、嗔、痴等习气，而是比这更根本的，也就是念头。

假如可以克服念头，连“我”都跟着消逝。我们过去所认知的世界也跟着内爆，跟着消失。

没有念头，接下来外头还是有一个世界，但是这个世界跟我们这一生过去所认知的不一样。

要去克服念头，不是去刻意不想或是勉强去沉默。我们所认为的沉默本身还是念头，最多只是一个没有念头的念头，或是没有空当的一个空当。要面对念头，也不是透过功夫、静坐、祷告、瑜伽、气功……任何修行刻意去专注。

要克服念头，最多只是看穿它。

看穿什么？看穿念头带来的任何现象都离不开一个虚拟的真实，甚至就连这个世界、任何感受、任何体验都还是一个虚拟的现实。

知道、彻底知道、随时知道——这个世界是虚的、是虚的念相，进而不被任何境界带走，念头也就自然踩了一个刹车。它突然会停止，而我们不用去分析为什么停止。

去分析为什么，本身又是一个念头。

要克服念头，最多是轻轻松松到念头的上游、根源，知道念头的上游或根源不存在。甚至，连“我”也不存在。

也就这样，一个人不知不觉就活在当下。

什么都没有做，也就解答了一切的矛盾。

【练　习】　参，参什么？

前面提到念头的上游、根源，去寻查这个上游，本身就是参的练习。

参，参什么？

最多只是参——这个真实的来源，这个真实的最源头。

所以，我们轻轻松松地问自己——谁还有一个念头？谁在寻？谁还有一个观念可谈？谁还有一个真实想去找？

答案，又只可能是——我。

是我。

我的根源是什么？

这时候，没有答案。

一个人轻松停留在没有答案。

在这个没有答案中，人好像跳出来，跳到一个更大的“我”——甚至像宇宙那么大的“我”。

这时再继续参——这个大我、不分别的我，又是谁？是怎么来的？

唯一的答案又是——无法回答。

假如有答案，再继续参。

一直参到没有答案。

有答案，又继续参。

继续停留在没有答案。

这时候，一个人自然会发现念头也跟着消失了。从身体最深的层面、心更深的层面好像浮出来快乐、欢喜、希望、信心、放松、爱、宁静。然而，这些感受，跟过去带来的好像都不一样。

这时候，一个人还是可以继续参——谁还可以感受到快乐、欢喜、希望、信心、放松、爱、宁静？

也就自然会发现，答案还是——我。

当然是我。

是我，有这些种种感受，甚至还可以用语言表达。

那，我是谁？

这么一来，又重复一个循环。

循环到最后，连这些感受都一个一个粉碎、消失。一个人自然会发现这些感受跟小我、大我、全部的我都一样的——一样不存在。

有趣的是，这时候，这些感受不光没有消失，它的强度反而增加许多，可能几倍、几十倍、几千倍。

比如说，欢喜，比任何肉体带来的喜乐，包括高潮、狂喜都大。大到一个地步，好像活起来而变成一个不可思议的场。这种欢喜不光自己把自己吞掉，还带到周遭。所有的众生，包括动植物都可以感觉到。

然而，只要停下来去感受它，它也就自然消失了。

一个人走到最后会发现——全部这些感受，包括在·觉·乐，都不重要，也不会想在它上面停留或做文章，最多只是把它活出来。

谁在活？谁晓得？

又是谁想知道？谁在意？

想跟人分享——哦，还有什么可以分享？还有谁想分享？又可以跟谁分享？

这么一来，每一个感受也都只是如此，包括爱。

有意思的是，一个人自然会发现他不是爱什么人、爱什么东西、爱什么观念、爱什么对象。

谁在爱？要爱谁？

甚至，连爱的观念都没有。

一个人会突然发现，这种爱其实是这个肉体不可能理解的。

过去，我们体会到的爱，最多是小爱，是有目标、有目的的爱。最多只能称无常，可以生，可以死。

我在这里谈的爱，一样地，参，不断参到底——*谁在爱？有什么爱可谈？爱的来源又是什么？*

一个人自然会发现，这种爱最多是非时间的永恒。

我们最多也只能讲它是一个场，是一个“在”的场。

它没有也不允许——任何动作或时间的排列。

没有爱的前。没有爱的中。没有爱的后。

最多只有爱。

我们最多是理解，爱就是我们的本质。

这种爱，一个人只要体会到一次，会比念头、比世界带来的任何追求都有更大的吸引力，也只有这样，才足以把念头和时间的“瘾”打破，因为还有一个更大的瘾在后面（如果还可以称它是一个瘾）。

我在这里还要分享一个大的秘密，而且这个秘密跟一般人想的颠倒——我们会有念头的瘾，是因为在心的层面、无思的层面，我们知道有在·觉·乐，有快乐、欢喜、希望、信心、放松、爱、宁静。因为我们在无思无想的睡眠中随时可以体会，所以一醒过来也就自然想透过念头把这个状态找回来。

我们根本没有想到，透过念头不光找不回来，还带我们愈走愈远——也许就这么走过一辈子，甚至不只一生。

就算用多生多世来追求，我们都可能找不到。

27

没有最完美的时机

There Is No Perfect Timing

对我们伤害最大的其实不是周遭的人或环境，而是自己。我们是透过自己造成伤害，而时间是最主要的祸首。

没有时间的观念，我们不可能有事情的先后顺序，不会有记忆。

没有过去，也没有后悔。

对人类创伤最大的，是后悔——不断后悔，不断认为错过了时机，不断想活出过去。总是想把过去带回来，看可不可以改变时机，也改变命运。

最可惜的是，我们一般人不理解——没有完美的时机。

其实，没有任何完美的东西。在这个二元对立、无常的世界，没有一样东西可以称为完美。

包括时机。

我过去常常讲完美——一切都完美，一切都刚刚好，是从一个绝对的、永恒的角度在看这个世界。当然，站在永恒、绝对，没有什么东西叫作完美或不完美。所以，我们才有资格说“一切都完美”。

但是，站在这个世界来看，没有什么可以叫完美。因为它有生、会死。

有生、会死的东西，最多只是一个临时的过渡状态，一样不断在转变、在变化。有了好，可能有坏。有坏，可能又好。不可能让我们可以称之为完美。

完美有永恒的观念，不受限于时间的影响。我常提到，从相对的范围以为可以突然走到绝对，是不可能的。无论从任何领域来看，都不可能。

这个世界本身不是生，就是在死，总是在变化。在一个随时变化的世界，没有东西叫完美。

我们有时候会说一个建筑、一个宗教的系统、一个观念或一个理想是完美的，那最多只是在表达——在这个范围，它比其他现象维系得更久。然而，即使可以维持几百或几千年，但在非时间的永恒里，其实连一眨眼都算不上。

所以，站在绝对，没有美、不美或完美、不完美可谈。

这只是从时间的观念来谈完美或不完美，如果要从美观、实用、耐用等层面来看，那么我们又该用什么基准来定义完美或不完美？只要有一个东西完美，一定会有另外一个东西更完美。这种所谓的完美，最多只是反映一个相对的量尺。

既然没有完美，甚至连时机都不可能完美，我们不用再不断地后悔，不用再为过去种种的失落、创伤、损失、委屈找出一个更深的意义（甚至还要再做一些功课、练习来把它们消除）。这些都还是多余的，没有一样东西需要有理由存在。因为它本身不存在，是我们头脑投射出来的。

所以，讲需要接受或臣服，也只是为了我们一般人去面对现实。然而，面对现实，最多只是领悟到——一切全部都是头脑的产物，跟我们接受不接受、臣服不臣服、反弹不反弹、想改不想改、想变更不变更、后悔不后悔一点都不相关。

一切已经是如此，后悔也改变不了什么，最多只是再给自己另外加一个阻碍、一个烦恼、一个创伤，让我们继续巩固从来没有存在过的念相。

【练　习】　从后悔到参

讲到这里，其实有很重要的一把钥匙，让你我可以走出来——也就是随时捕捉到后悔的念头。

后悔，会带来一个连锁反应，让我们不断想重新活到过去。

透过后悔，时间的作用自然会拉长，因为我们从过去又找出一个空间来打转，不断地强化它。强化过去的某一个角落，无形当中其实在强化那个角落的业力，让它继续运转，自然带来其他的后果。

不去肯定它，最多也只是让它自然消失掉自己。我才会不断强调“参”的练习。

只要有一个后悔的念头出现，你我留意到了，马上踩一个刹车——

谁，还有一个后悔的念头？

谁，还需要忏悔？

谁，还过不去？

谁，还认为受到委屈？

谁，还有失落？

谁，还对不起自己、对不起别人？

谁心里过不去，眼泪流不完？

谁认为这一生悲哀，甚至绝望？

谁，还认为自己来到这里不是刚刚好？

就是应该来到这里，谁，还认为要把这里、现在改到别的哪里？

谁，对这里、现在不满足，还要再去延伸出另一个现实？

谁，还认为有一个空间，甚至一个神圣的空间可以去，比这里更好？

答案，当然是——我，也只可能是我。

是我过不去，是我在后悔，是我心失落到底，是我有自杀的念头。

一切，都是我。

那，我又是谁？

我观察到，只有参，再加上臣服，最能够有效地带着一个人从伤痛走出来。任何其他领域的方法，最多是在强化“我”。

无论去追察创伤或后悔的来源不断重新回顾过去，想得到心理的疗愈，还是用任何功夫来对治创伤，一样地，最多只是在不断强化“我”——把过去某一件事、某一个发生、某一个创伤给坚实化、固态化。

反过来，这里用的方法最多只能说是颠倒的，是——不去管它、不去理它，最多只是贴着念头去找“我”的根源。

我过去也时常跟朋友分享，在面对最烦恼的事甚至大的危机和打击时，不要去想它。不去想它，透过臣服和参，不断地消除种种窝囊或忧郁的念头。

这么做，并不是不去面对现实。刚好相反，最多只是信任生命有个更大的力量远远超过小我，可以带我们走出来。

不去想它，只是不把注意力落在脑的一个小角落，而是让心带着我们走。

在脑海里不断地去想一个问题，其实没有用，最多只是增加顾虑和两难。对眼前的问题非但没有帮助，反而还会把问题转移到别的地方。

让心带着走，是把注意力轻松地集中在眼前的事情，不让头脑加上一层主观的“我”的阻碍或是过滤。这种过滤甚至会把问题扩大，带来一种扭曲。

这样一来，我们对样样都会比较客观。眼前任何问题不但可以解决，还可以解决得更好。无论是创作、运动、发明、人事的协调，都会有意想不到的突破。

这些话其实都不是理论，最多看我们敢不敢亲自采用，拿自己做实验。

假如这么做，对脑海里后悔的念头和情绪还是踩不了刹车，就回到前面的 It's all OK! 一切都好，都刚刚好。接受自己还在后悔，接受自己念头和情绪踩不了刹车，接受自己还看不开，接受自己还不想放下这个问题，而一切都好，没有事，都是刚刚好。

对很多朋友，先去肯定一切都好，反而有一种更大的刹车的作用，可以让头脑安静下来。这时如果还有念头，再回到前面去参。

28

没有时间，没有恐惧

No Time, No Fear

一个人肯定时间，认为时间是真实的，才可能有恐惧。

在非时间的永恒、无我的状态，连世界都不再存在，其实也就没有恐惧可谈。

就是因为我们不断肯定这个世界是真的，而且认定是再真实不过的，才有一种感受叫作恐惧。

恐惧，最多也只是萎缩，是我们对这个世界的认知达不到期待而让自己失掉安全感，才有恐惧。眼前的东西不符合头脑规划和投射的范围，让我们最多只能用恐惧来表达。

恐惧，可能是我们现代人最大的失衡和不快乐的原因。

我们通过恐惧看世界，一切都是灰色的、悲观的。连我们看自己，看真正的自己，都受恐惧的影响。

我在这里所谈的观念——心、全部的生命、全部的潜能……这些观念，透过恐惧，都会被我们认为不可能，甚至当作笑话。

我发现，对这些观念反弹愈大，恐惧的现象愈明显。恐惧强烈的人，自然对自己和别人都没有向心力，也没有自信。不断认为自己只是小小的体，要受到环境的限制，被宇宙的因果法左右，或是随时认为外围的人事物都在刻意伤害自己，随时随地都把自己落在一个念头虚拟出来的世界，认为这就是自己全部的可能。

所以，我提出这些观念，虽然从某一个层面大家都可以听懂，因为跟古往今来的圣人所谈的完全一致。但最可惜的是，接下来一遇到事，该反弹还是会反弹，该抵抗还是会抵抗，甚至会希望这些信息消失，不要引发自己更大的恐慌。

我还没有写这系列的书之前，就是因为知道可能会引起反弹，总觉得自己就像一个人独自在世上行走，而这些话不知道要跟谁讲，但到最后还是鼓起勇气把本来再明白不过的观念、我们每个人都可以活出来的真实带出来。

最遗憾的是，最需要这种功课的朋友不光排斥、认为不可能，还会想用各式各样的力量让它不成立。

一个人假如可以接受，而且很自然地接受这里的观念，自然会发现恐惧也就跟着消失而突然第一次对生命有信任。他同时知道，这一生来到这个地球，有这个生命、有这个肉体，最大的任务最多也只是醒觉。相较之下，其他的任务或目标都不成比例，因为全部是念头创出来的。

甚至，再先进的科技或是人类未来可能的发展趋势，和整体相比一样都不成比例。透过这些技术和制度的发展，人类不光不可能更快乐，而且刚好相反，其实会更不快乐。因为步调只会更快，生活变得“方便”，自然给头脑更多空间去妄想而带来更多危机、更多不快乐。最后，只是让我们的头脑和身体各走各的——身体变得更不重要，而我们不断集中在脑海里虚的世界，到头来最多是让恐惧蔓延。

然而，假如我们知道，恐惧和种种负面的念头和感受都是从时间延伸出来的，那么每一个人该问的是——该如何着手？

倒不是浪费时间和精力忙着去追究这些观念正不正确。这就像一个人已经溺水了，却还在不断追究“我在哪里？”“我会不会死？”“水是什么？”“我死了之后会到哪里？”这种问题，自然会耽误很多宝贵的时机。

反过来，假如能接受这再明白不过的现实——我既然落水，要怎么出来？这种注意力的转变会带来脱胎换骨的变化。一个人会突然知道“全部生命系列”作品的重要性，不光会珍惜，而且会认真练习，也自然会发现这条路是回不了头的，没有回头路可谈。

没有回头路，因为连路都没有。

是我们透过时间制造了一个完整的虚拟世界，所以要承受那么多负面的后果，还进一步需要一个解答的方法。假如懂了这些，轻轻松松醒过来，什么都没有做，也不用做，就这样跟任何感受、恐惧都不相关了。

我们一般谈自己，最多还是在谈这个身心。毕竟，站在整体或大的自己，这个世界怎么表现、有什么现象，与整体一点都不相关。耽误不了，也没有什么损失。我们醒不醒过来，它也不在意，不会去干涉。毕竟，一个东西不存在，去干涉也没有用。

所以，我们最多也只能让过去自己消退，让它自己消失自己，没有必要把它捡回来，从念相的世界再把它活出来一次。

不去理它，我们自然全部的注意力都集中在现在。

现在过去了，也就把这个过去的现在丢掉。

这么一来，一个人就随时进入永恒——当下。

【练　习】　和“我”分开

读到这里，或许你已经可以接受——领悟是非时间的观念，是超越头脑的范围、超过时间所带来的产物和世界。

但是，仔细观察，我们会发现几乎每个人都希望把人生中很美的镜头或画面记录下来——像是透过照片或透过录音，想要冻结这个片刻，留下一个纪念。

你我几乎都没想到，就这么简单的一个动作已经在不断地肯定过去，不断地肯定一切所看到的都是真的而想把它留下来。这样一来，也就在不断地延伸业力、肯定过去，包括带来恐惧和失落的过去。

我认为，这些都值得让我们参考。

我通常会提醒自己、提醒朋友——看到很美的画面就在当下好好享受，倒不需要留给未来一个记录。毕竟，这么做永远离不开时—空的范围。

一样地，一个人遭遇很大的失落、纠纷、痛心，有时候不妨换一个环境重新开始。因为我们在潜意识有相关的记忆，踩不了刹车。

把周遭可能不断唤起过去记忆的一切暂时挪开，甚至丢掉都可以。包括过去很明显的模式，例如在哪里吃饭、走到哪里带一杯咖啡……都换成新的习惯。也就是说，不需要面对失落的来源，只是改变自己的习惯。

试试看，这样把过去的记忆打破，重新再创出一个新的回路。也只有这样，才能让过去带来的记忆和伤痛减轻。

讲到后悔，其实，跟讲过去是一样的。过去和后悔，一样都不存在。

过去什么？过去的任何东西，都不存在。去弥补过去，其实一点意义都没有，最多只会耽误自己。

当然，讲耽误自己，这种说法还是一个比喻。因为我们也耽误不了。

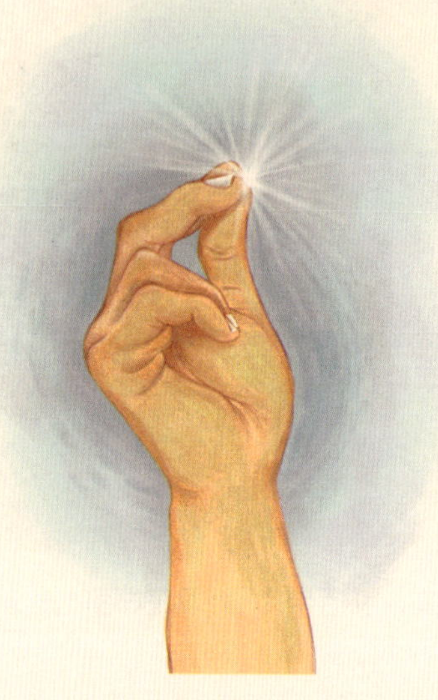

我们有个永恒的部分——心，在绝对的范围，跟时间不相关，就是想耽误也耽误不来。

我有时候会用弹指的动作来比喻——应该让过去在这一弹指之间过去，而不是在弹指之间回来。

把每一个瞬间当作新的开始。一切、过去，好像洗得干干净净，跟自己好像不相关。就像过去的发生是小我在体会的，而跟真正的"我"、跟绝对所支持的"我"不相关。

我们有另外一个很简单的练习功课，也就是随时提醒自己——

即使"我"恐惧、"我"失落、"我"没有安全感、"我"痛苦、"我"生气、"我"委屈、"我"悲伤、"我"伤痛、"我"生病、"我"拖累了别人、"我"做错了、"我"有罪、"我"闯了祸、"我"很难堪、"我"收拾不了、"我"被排挤、"我"觉得人生没有意义、"我"想振作却没有力气、"我"没有理由再活下去、"我"想放弃一切又不敢、"我"不值得人家再帮助我……

全部的这个"我"只是小我，跟真正的"我"是不同的。

其实，每一个念头、每一个感受、每一个观念都跟真正的自己不相关。

试试看，用这种方法，我们也就自然一再地肯定——只有绝对。相对的世界，自然会变得比较遥远而不跟自己生命直接相关，不跟真正的“我”相关。

这是一个很有力道的疗愈方式。

用这种方法，可以把时间所带来的最明显的产物，也就是“我”——小我的观念，不断地挪开。

我们不用担心“我”会不会消失，连这都不需要管。我们最多是把它挪开，因为它本身就不成立。一个东西不成立，严格讲，也不需要去消失。

这个方法自然让我们回到一体，不断地回到一体。

29

与非时间的永恒接轨

Alignment with Timelessness

我在这里想进一步分享一个最大的秘密——前面提过，头脑是相对的工具，而且要把它挪开，我们才可以领悟到绝对或是非时间的永恒。但就是因为一般挪不开，所以还有一个修行可谈。

我们走到这里，都知道头脑本身只是虚拟现实的组合，然而就算知道了，还是没有用。我们一样地会被时间困住而随时被世界带走——会失落的，还是失落；会反弹的，一样会反弹；过度用脑的，还是会继续用。

也就是说，虽然懂，还是在理论的层面。

但是，我们可能都没想到，就是这个头脑本身就可以成为解脱最大的工具。我们需要做的，最多也只是透过头脑、透过念头不断地把绝对想出来。把绝对随时想出来，最多也只是专注到它——透过练习，不断把绝对的观念浮出来。

在前面的作品，我们已经建立了一个完整的基础。所以，用这种技巧，哪怕就像洗脑一样地哄自己，还是可以让我们轻轻松松地跟绝对、无限、永恒或一体做一个联结，跟它接轨。

一个人假如懂了，把这样的方法当作工具，把全部注意力摆到一体或是绝对，自然会发现它比任何静坐都更有效。

一般的静坐，强调专注在一个角落或一个对象上。例如呼吸，自然让我们集中注意力在那一点，而让念头消失。如果把这一点摆到绝对、无限、永恒或一体，我们的注意力一样自然会集中。然而，在绝对、无限、永恒或一体没有一个对象可以聚焦，最多是把注意力或意识透过一个奇点打开。

打开到哪里？打开到无限大，也就自然跟一体或绝对合一。在这种情况下，一个人自然不知不觉地让绝对、无限、永恒或一体带着自己走。

让绝对带着走，一个人自然没有念头。他并不是没有办法想或是失去知觉，刚好相反，他的知觉范围会更大，就像跳出了五官的限制。他不是只靠眼看、耳听、鼻闻、舌尝、触觉在运作，而是每一个细胞都活起来，都可以觉察到。

最有意思的是，这是我们每一个人本来就可以的。只是五官再加上念头的作用太强烈，把五官和念头之外的其他可能全部盖住了，反而让我们认为不可能。

甚至，遇到有些人展露这些现象，我们还会称为是特异功能、超感知能力（ESP）或神通，认定这是一般人不可能有的能力。我们没想过，这些“能力”其实是最根本、最简单、最普遍的现象，只是我们平时透过自己的限制认为不可能或把它盖住了。

这么一来，一个人面对每一个瞬间所带来的变化、考验或事情，他都是轻轻松松在体会。

体会什么？

他不是透过头脑在运作，而是在一个比头脑大得多的范围——站在一个绝对的、完全想不到的大力量，站在智慧在觉察。所以，全部的觉察、所有的感知，完全跳过五官带来的范围。

一个人这么活，做任何事都会做得更好，或是可以不做，也都是刚刚好。把注意力、聪明、头脑摆到绝对、摆到一体，就是有那么大的效果。

随时跟绝对接轨，不知不觉地把相对化解。

或换句话说，不知不觉，透过相对，活出一体。

再换句话说，不知不觉，让绝对、一体带我们走这个人生。

值得补充的是，只要让绝对活出来，我们就自然会发现生命的各角落、整个宇宙都在帮我们加油，希望我们成功，想让我们随时尝到甜头。

因为除了“你”所占用的体，没有第二个体。假如还有一个东西叫作全部或一体，那么“你”其实就是它。假如你是一切，一切当然会为你加油，这是相辅相成的。

这句话，一个人懂了，会发现是最科学的、最有根据的。因为站在绝对，它没有别的意念。绝对，只会以绝对为优先，没有其他的现象对它重要。它会不断地让一体、让你回到自己。

我才会说，它不断地为你加油，但它所带来的变化可能不是“你”短期想要的，甚至可能刚好颠倒。但是，长远来看，刚刚好是我们需要的。

假如我们真心同意这几句话，自然会把全部的自己交给这个宇宙，甚至从内心最深处浮出来前面提过的这句话——“不是跟从我的渴望、我的想要，而是你的。”

只是在这个过程中，因为你我还有过去业力的运作，而业力还会转出来，所以我们还看不懂、体会不到，甚至还以为有谁在刻意欺负我们。

其实没有，没有一个人在世界想刻意欺负我们。因为站在一体，所有人、所有东西都是念相，是不存在的。

前面也提到，站在一体，让绝对全部浮出来，我们不用担心在这个世界无法生存下去。刚好相反，如果要说少了什么，最多也只是没有了过去全部的烦恼。

在任何状况下，没有烦恼，一个人好像重生一样，看这个世界都是新的。我才敢说，不光可以生存下去，还可以活得更好。

其实，是活得最好。

甚至，可以说把你全部的潜能透过这一生活出来。只是，这些潜能可能跟你现在想的不一样，也许还完全相反。

【练 习】 “我—我”的静坐

要去跟绝对接轨，最简单的方法，就是过去带大家一起练习的“我—是”“我—在”“我—我”的静坐。

我知道，假如你有练习，也已经达到了一定的熟练度。但是，我相当有把握，到现在，经过了后来这几本书，会让你理解的深度完全不同。

“我—是”“我—在”或“我—我”所谈的“我”，是大我，最多是从心、绝对的角度，看着这个世界。

每一个瞬间，我们都可以提醒自己——跟主、跟大我、跟心，从来没有分手过。透过这种随时的提醒，我们自然会发现，站在主、心、绝对的角度，眼前全部的问题都是不成比例的小，都是小我延伸出来的，不值得再继续计较，更不值得陷在里头打转，继续窝囊自己和别人。

因为这个练习太重要，我后来邀请同事在好多次的读书会一起进行，再透过录像分享给大家。透过网络，读书会由各地的朋友参与，本身已经建立了一个意识的网格。不要小看这个网格的力量，本身可以带来意识转变最大、最直接的作用。

在这里，我也想把这个方法送给你，希望你可以一起来做。虽然表面上我们有时间和空间的距离，但还是可以随时一起参与。

我们接下来，就再次进入这个练习。

我们如果懂了“全部生命系列”里讲的，自然会发现这么做又产生了一个反复的作用——不是从“我”跳到或成为哪一种状态，而是反过来轻轻提醒自己：

我，就是一切。

我，就是绝对。

我，就是心。

所以，这个练习本身最多只是一个提醒，提醒自己本来就是永恒、不朽——

我本来就是永恒。

本来就是不朽。

本来就是非时间的永恒。

本来就是绝对。

我们活在这世界，随时都在“动”，也随时会忘记这些提醒。我才会结合呼吸的静坐，让我们在睡前或一早醒来时随时可以练习。

在这里，我会用“我—我”来做这个练习。至于我们平常练习，采用“我—我”“我—是”或“我—在”都没有关系，只要固定下来，不要一直变更。

闭起眼睛，轻松坐着或躺着。什么姿势，都不重要，只是完全放松。把注意力轻轻转到呼吸，最多只是在观察呼吸。

轻轻松松地知道，专注到它。

吸气，我知道。每一个吐气，我也知道。

一进，一出，我都知道。

我不去干涉呼吸。

不干涉吸气，也不干涉吐气。最多，只是清清楚楚地知道。

这个知道，是很微细的知道。

最多，是在呼吸上轻轻点一下，不会想影响到它。

呼吸长，呼吸短，跟我都不相关。

我最多只是轻松地专注到它。只是轻松地知道。

这时候，透过每一口呼吸，一进，一出，轻轻松松地在心里带出“我”，用我，大我，在看着呼吸。

或是，透过每一口呼吸，自然站到大我、心。

呼吸就是——心、绝对、一体。

每一口呼吸，都是我。是宇宙的我，在带着我呼吸。

这大的我或心，就是我。

我，就是心。

透过每一口呼吸，我，最多只是把心活出来。

这时候，只要练习，我们自然会发现，本来心里有很多负担、创伤、失落，这些自然跟着消失，而从内心会浮出来一种讲不清楚的欢喜、说不出的宁静。

这时候还是要清楚地知道，这还是这个肉体、这个身心产生的反应。任何反应，都让它过去。最多，还是回到方法。

方法，最多只是“我”——大我的提醒。

【练　习】　所有练习，都是同一个

有时候我们可能做不了“我—我”的静坐，很多念头会浮出来。这时候，我们只需要体会自己有这些念头，接受自己有这些念头。

接着参——谁有这个念头？

贴着念头这样问，答案当然还是——我。

那么，我，又是谁？

回到没有答案的空当，这时候再回到“我—我”。

不知不觉地也就知道，没有问题，没有烦恼，没有过不去的事。

其实也没有臣服可谈，最多是臣服到自己（如果还可以这么说）。因为它本身就是圆满的，无所不知、无所不能、无所不在，没有什么东西，可以同时存在而不是它。

体会到这一点，我们自然就会发现——“我—我”最多是在说话；参，也只是透过否定一切而随时把自己找回来；臣服，最多也只是接受自己的真实身份。

这么一来，这里和之前带出来的所有练习都跟一般的认知颠倒——不是把“我”变成一个原本没有的状态，最多只是让我们回想自己本来就是的。

假如你读到这些一点都不惊讶，可以完全接受、可以练习，甚至活出来，那么也就这么简单地把臣服、参、“我—我”的练习合一了。

30

没有时间，没有意义

No Time, No Meaning

我们每个人在修行的过程中都从错误的点切入，离不开一个东西叫“意义”。就这样，任何话一定要有意义，任何念头自然会有联结，因为我们在找意义。

假如没有意义，念头其实不会一直浮出来，因为没有一个意义在联结它。话也不会再讲了——假如话没有意义，“啊”和“啊耶咦喔呜”“这空间很美”“时间过得很快”都一样地没有意义，我们也自然不会再讲话。

但是，我们离不开话、离不开念头，也离不开意思，随时都在找意义。从意义，我们还会找出一个更大的目的。我们的人生不光每个瞬间要有意义，就连整个人生都要有目的。这样我们才觉得人生有意义，没有虚度，值得存有下去。

其实，我们把这个习气也带到修行。无论苦修、瑜伽、持咒、祷告、净化……走到最后都想要得到一个意义，要有所突破。突破，本身就是意义。突破，是可以想出来、描述出来、观念化的，当然离不开意义。于是，每个人都往意义上找，都在这上面着手。

我过去会说——刚好相反，醒觉，不是去找意义，甚至反而是在无梦深睡的层面，我们还可以觉。觉察到什么，不知道，但还是可以觉，不断地可以觉。

这个觉，本身是最珍贵的一把钥匙。透过觉，我们才可以发现原来自己就是最单纯、最原始、最纯的意识，而且这个意识从来没有离开过，它就是绝对的部分。

假如绝对可以跟我们接轨，最多也是透过觉，就是觉。

在意识的层面，是觉。

在身体的层面，是欢喜、大爱、宁静，或只是“在”。

就是那么直接，透过觉，让我们可以跟绝对不断地接轨。

“非时间”的观念其实就是“非意义”，没有意义可谈。一个人假如随时在非时间的永恒，并没有一个念头可以起伏，也没有一个意义可以得到。

反过来，也没有一个“谁”在做。

连“谁”也离不开意义。

一个动作也要得到意义——是谁在做？什么被做？要做给谁？透过这种区隔，头脑才可以得到意义。如果一个人完全在非时间的永恒，这个区隔也就完全消失，全部的意思都会消失。

我才会不断提醒——假如你这一生来，到这里还有一个醒觉的观念，还有一个目的、一个意义可以得到，你其实还在迷路。

是要把这些观念全部打破，知道你来到这里，就是刚刚好。醒觉不醒觉，跟“你”一点关系都没有。到哪里，完全不知道，也无所谓。

要知道，醒觉不是靠“你”或是“谁”在做。如果还有“谁在醒觉”的观念，还有小我的观念，你也醒不过来。

就连去规划醒觉、去期待醒觉，其实也是多余的。

它规划不了，也期待不了。

一个人这样做，也就刚刚好，是把全部的意义、全部的知识、全部的经过洗得干干净净，丢得干干净净，甚至不让它起伏。如果知道它完全是幻觉、是头脑的作业，一个人才不知不觉可以醒过来。

读到这里，你可能还是认为很抽象。但是，这些话一样可以变成最有效的提醒或练习。跟前面“我—我”的练习一样，我也多次在读书会带出来，跟大家一起练习。

我认为这个练习相当重要，而且它的切入点跟一般所理解的修行和静坐截然不同。所以，我不光在这里提供一个练习的方式，也同时将这两场读书会带给你，让你可以跟自己的理解做个对照。

【练　习】“觉”的练习

睡了一夜，醒来的第一个瞬间，那时候，刚刚好知道只有觉的时候，我们可以轻轻松松停留在那上面。

过一会儿，有一个“我”延伸出来，接下来就有各式各样的感觉浮出来。然后起了念头——“我睡在哪里？”“现在几点？”“今天要做什么？”接下来就有一个完整的“我”，一个完整的世界也跟着出现了。

试试看，在这个“我”还没有起步的时候，是不是可以注意到？是不是可以把它冻结，甚至看到它的起步？就像贴着“我”、跟着“我”延伸，知道这个“我”好像从胸口延伸到脊椎，经过脊椎再延伸到脑，再造出一个完整的世界。

只要轻松贴着这个“我”，它自然会萎缩，也就又回到心。我们自然会发现，这个单纯的觉是觉察到什么东西之前的觉。它最多只是带来一种很微细的感觉，只是“在”的感觉（feeling of Presence）。

感觉什么？

感觉自己活着。

至于活什么、感觉什么，都还没有起伏。

除了“在”的感觉，其他什么都没有。

只要有一个理念——知道什么东西活出来，我们其实又被带走了。

这时候，我们不需要马上踩刹车或反弹，最多只是看着眼前所知道的东西，我们自然会发现，从“知道有个东西”的意识又自然退回到觉——单纯、原始的觉。

再表达更清楚一点：我们仔细观察，刚醒过来，体会到的是一种模模糊糊的感觉，倒不是念头，只是一种“在”或存在的感觉。

然而，在哪里?

存在什么?

这倒还没有延伸出来。

它本来没有任何意义，只是一种很直接的感觉。接下来，才有念头。

还是感觉的时候，我们还来得及踩刹车。一有念头，就踩不了刹车。一个念头接着一个念头，就造出了一个完整的念相的世界。

我们可能在上头停留一秒、几秒或多久，都不重要。只要练习，停留的时间自然会延长，最后可能是几分钟、几小时，甚至几天。

我们会发现，还是可以做事，可以讲话，可以在这个世界运作。

晚上要睡了，也是如此。睡觉前，轻轻松松找回这个觉。

要找回这个觉，最多只需要接受一切，把自己臣服到每一个瞬间。或反过来，对每一个瞬间带来的念相都不去计较，都不再加一个认知或念头，最多只是不断地接受，不断地让“一切都刚刚好”的肯定浮出来。

只要睡前这么做，我们自然会发现这个状态会延伸到睡眠，甚至影响睡眠和梦的质量。睡着了，一睁眼醒来也就自然还在延续这个练习，就好像在睡眠时进入了非时间的永恒，没有任何中断。

早上，一样地做这个练习，这自然会延伸成为一整天的状态，就好像准备我们面对白天遇到的所有事情，让我们不知不觉站在非时间的绝对。

我们都试试看可不可以停留在没有分别、没有意义的状态，一秒、几秒都可以，它的效果已经出来了。

当然，说效果，最多也只是让我们清清楚楚知道有一个更大、更全面的意识随时都存在，连睡觉时都存在，更不用说醒时也在。只是我们将头脑相对的意识套上去，反而好像把它盖住，让自己忘记了。

我们会发现，这种练习让我们体会到生命本来就有的一种状态。

觉，本来就有，不可能没有。

没有它，就没有生命。

只是我们都把注意力放在觉的下游，也自然就从绝对落到一个小角落。

31

我们行为的惯性，是时间带来的产物

Behavioral Patterns are the Result of Time

前面提到时—空的观念，从物理的角度来看，空间和时间是分不开的。一般把它称为“空间—时间的连续谱（space-time continuum）”，也就是认为空间和时间联手创出一个四维时—空的世界。我们前面所提到的，其实比较正确的表达应该是“只有时间的连续谱”。毕竟如果没有时间，也就没有空间，是有了时间这个“第四维”，才有空间的三维可谈。

前面提过，透过“动”，我们才有一个时间前后的观念。反过来，时间也强化“动”的观念。有个前后，才让我们可以在空间上比较而随时带来“动”。随着文明发达，我们的“动”愈来愈快。换句话说，第四维——时间的单位愈来愈精细，到了头脑和五官跟不上甚至要出动各种设备来量的地步。

人类上古时期留下的许多遗址都是多少个十年甚或几辈人才能完成的，这种漫长的经历也是人类当初衡量时间的单位。后来的人才开始用几“年”或几个“月”来表达，到今天我们已经采用分、秒来衡量，现在甚至连一秒都嫌太长。我们还有毫秒（10^{-3}、千分之一秒）、微秒（10^{-6}、百万分之一秒）、纳秒（10^{-9}、十亿分之一秒）、皮秒（10^{-12}、万亿分之一秒）、飞秒（10^{-15}、千万亿分之一秒）的观念，把衡量时间的单位切割得愈来愈细。

这样还不够，我们把空间也落到同样精细的范围，开启了纳米或皮米的时代。量子物理的发展也就是这么来的。

这样的过程自然把我们的步调加快，人类也就自然进入数字时代，再跨入社交媒体的年代。每个人都练就一心多用的本事，随时应付各个层面纷纷到来的信息和刺激。

但是，从生理的角度来看，时间其实是神经架构的产物。时间的步调快，身体的反应也要跟着快，也就等于在神经细胞的层面上建立一个快步调的神经回路（neural circuit or loop）。只有同一组神经回路不断重复自己，步调才能快上加快，最后变成一个自动反射，让我们一遇到事就可以立即反应。

透过这种方法，人人看起来都可以一心多用，开启多任务模式，同时处理许多作业。然而，每项作业其实还是需要一个单独的回路来指挥。只是每个回路完成的时间愈来愈短，感觉上好像一个人可以同时面对不同的刺激。

但是，我们仔细观察，就会发现头脑的作业还是线性的，还是要依照先来后到的顺序在运作。最多是每个回路运作的时间不断缩短，而且速度是一般人想象不到的快，让我们感觉不到它还有一个先后顺序。

我们面对时间的要求，随时要立即回应，也就自然把头脑回路运作出来的刺激和反应当作真的，就好像在脑海里建立了一个新的世界。透过头脑的想象，整合五官带来的回路，进一步创出一个虚的现实，让我们觉得这一切都再坚实不过了。这非但让我们生活在一个虚的现实，还不知不觉就困在其中。因为步调快到一个地步，我们全部的心力都在这个虚的现实里运作，根本意识不到除了这个虚的现实之外还有什么。

正是因为步调不断地持续加快，甚至快到连自动运作的回路都应付不了，就像这张图所表达的，就连每个神经回路都在时间的压力下运作，而让我们每个人都觉得“跟不上”，总是会感到压力。我们的头脑应付环境变化都来不及，没办法得到休息，就连充电的机会都没有。也因为这样，现代人可以说没有一个是舒畅或快乐的。而这个问题，只会愈来愈严重。

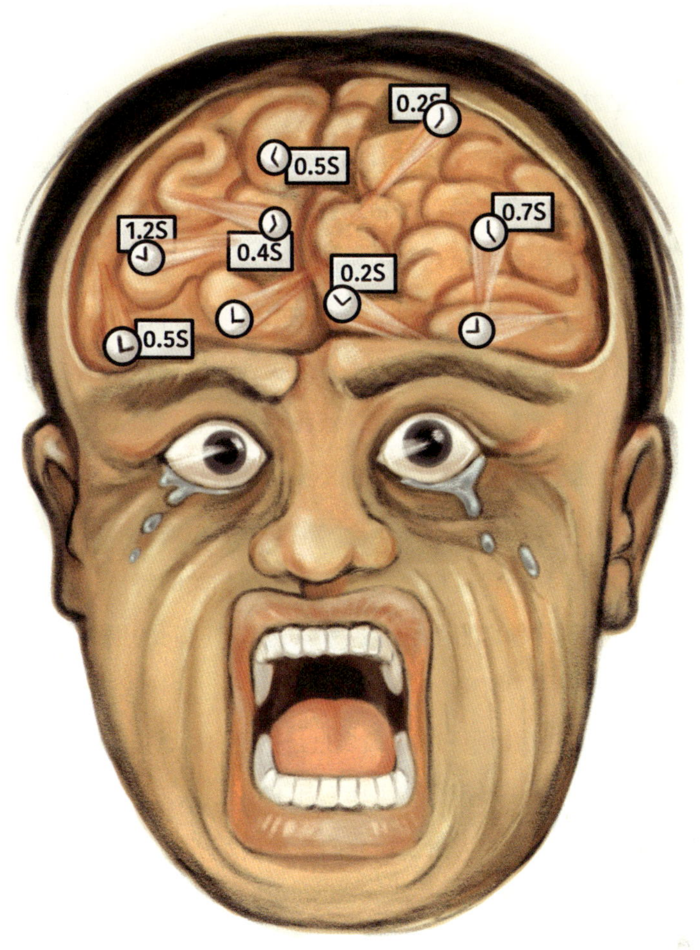

这种发展——也就是你我每一个人这一生都在面对的，自然让我们的生活透过密集的反应建成一种“惯性的总和”。而且，反应的速度相当快，快到让我们以为自己有一个自由意志在运作，却意识不到脑最多只是一个超级计算机（或超级处理器），随时面对很多选择而要在其中选一个，根本谈不到什么叫作自由意志，充其量只是不断为环境的刺激排列优先级，忙着做反应。

环境的步调太急、回路的运作太快，让我们认为这就是全部，根本看不出这些选择其实是顺着一个蓝图在运作。这个蓝图，就是之前谈到的业力或因果。

因果和业力并不是根据自己或别人的意志而来，而是全宇宙可见、不可见的所有力量的组合。它没有刻意想带来一个好的结果，也没有要刻意带来坏的后果；没有刻意想帮助我们，也没有要特别欺负我们，最多只是反映全部累积的力量。我才会不断地说——一切，我们所看到、体验到的这一生，全部都是注定的。而这些话，是再科学不过了。

所以，从这个因果的层面去着手，想找到一把钥匙是不可能的。我们以为是自己的选择本身就是幻觉，让我们觉得它好像是真的。这个层面从绝对、整体来看根本不成比例，倒不需要从它身上着手。试着去分析、去理解它，不光耽误时间，而且还找不到一个出口。

反过来，最多只是轻轻松松把全部和时间相关的特质、事物、观念挪开，这个非时间的领域自然会浮出来。这个非时间的层面，我们每个人都有。最后，都可以找到。

全部的练习，包括臣服和参，最多只是把我们最原初的记忆找回来，同时建立我们的信心——我们其实什么都不用去做，本来就有这个非时间的层面。只是透过这个人生，让我们忘记了。所以，最多只是把它想起来，让它自然浮出来。

【练　习】 All Patterns Exist to Be Broken 惯性存在，是用来打破的

我在国外时，常用这句话当作一个练习的功课。

每一个人其实随时都被惯性绑住，而这个练习最多是——让我们发现自己的运作一直在习气里。

一天下来，我们有各式各样的习惯。比如说早上一起来，从哪边下床、被子怎么叠；是先喝水，还是先上洗手间；上洗手间，是发呆，还是要顺手抓个东西来读；先刷牙，还是先洗脸；怎么吃早餐，是中式、西式，还是水果餐；一定要到哪里带一杯咖啡，或绝对不喝咖啡；在路上，是滑手机，还是听音乐；到了办公室，先找人讲话，还是先开计算机；开会，要抢在前面发言，还是最好不要让人发现；下班，是马上离开，还是多留一会儿把事做完；到了家，先洗澡，还是赖在沙发上看电视；是累了才睡，还是几点前一定就寝；睡觉，是抱着被子，还是躺平……

每个人，都有自己的习气。一天下来，各种惯性是数不完的。

一年三百六十五天，我们都可以观察自己的惯性。每一天，有意识地在其中选一个来打破这个惯性。也许是更换刷牙洗脸的顺序，也许是换个地方喝咖啡或放过今天这杯咖啡。开会时本来不说话，试着主动说一句，或者本来抢在前头，今天刻意不说话，专心听别人说……

一天选一个来实验，而且，一天只要做一个实验。

透过这个练习，我们自然会发现，光是踩一个刹车、换个步调就可以把一个回路的运作中断。去打破惯性，我们不是去面对过去的习气，而是建立一个新的回路来打破过去的惯性。

一个习惯，至少让它中断一次，就让头脑造出一个新的回路。

仔细观察，我们都是习气组合的。每天打破一个惯性，会发现头脑可以重新组合，让我们一再地发现这些习气本身也没有多大的吸引力。

一开始这么做，可能会觉得难，毕竟我们多多少少都对一个惯性“上瘾”了。其实，我们可以从比较小的、不那么严重的开始做。不知不觉，我们会发现自己不需要再跟着惯性走，而会期待随时可以打破惯性。

这一来，自然就带来一个新鲜的回路。每天，都像重新开始。

神经的回路只要反复遇到同一个问题、同一种刺激，运作的速度自然愈来愈快，才可以应付环境的变化。这些回路会敲定我们的惯性，包括行为上的步骤，也会建立我们的个性、人生观、价值观。

可惜的是，我们意识不到自己离不开习气，意识不到自己只是惯性的总和。而且，这些惯性或习气是头脑很难理解的。

我在《全部的你》提过“我”是怎么建立的，也提到“我”的组成其实比我们想象的更广——不光是这个身心，还包括家庭、社会甚至身为“人”所带来的部分。我更在《集体的失忆》和《落在地球》谈到人类的特质，我们怎么都想不到，正是这些特质和价值在束缚我们。

一个人要解脱，到最后要打破时间的观念。

要打破时间的观念，还是要从人的特质跳出来。

换句话说，解脱，最多是看到背后的真实。透过真实，把全部的惯性打破，一个人也就自然而然走出来。

32

什么都不期待

Expect Absolutely Nothing and You Will Have Absolutely Everything

之前提过什么都不期待，这个观念相当重要，本身就是一把钥匙——是解脱或进入非时间的钥匙。

一个人只要不断地反省，往内转提醒自己，透过臣服、透过参不断把自己带回到绝对，也就自然会发现——在这个世界，任何观念，包括解脱、包括成道、包括非时间的永恒、包括绝对，全部都还在一个相对的范围作业。尽管我在作品里花了那么多篇幅，最多还是在描述一个相对而局限的观念。

可以表达出来的，没有一个东西、一个观念、一句话，我们可以称为真实。但是，虽然如此，这些观念还是像指南针或点出月亮的手一样，为我们点出方向。

随着这些观念一层一层在心中沉淀，一个人也就慢慢成熟。如果没有这些观念，我们连方向都没有。也许盲目追求几十年，但追求什么，自己也不见得知道。

前面提过，成熟是智慧的贯通。我在这里，再讲得更清楚一点，“成熟”是表达——一个人走到最后，任何欲望或是追求都没有，都自然消失了。

他已经知道，可以追求来的东西或状态跟真实一点都不相关，他想问的问题也自然减少。然而，他会想跟一些圣人接触，也许是透过经典或参访当代的圣人。接触圣人不是为了想要答案，而是最多……也不知道为什么。接下来，也不想分析理由，就只是想接触。

祷告，还是继续祷告。但是，走到这里，祷告不是为了要求任何东西。他并不期待命可以改变，也没有任何想变更外境的念头，只是自然发现内心浮出感恩、信任、信仰。

感恩什么？

不知道。

信任什么？信仰什么？

更不知道。

假如一定要用语言表达，最多只能说是感恩、信任、信仰自己。然而，这个自己，最多只是绝对。

有意思的是，他完全没有什么可以期待，自然会发现生命慢慢打开，也就自然跟绝对接轨。但是，接轨或打开又不是靠他做了什么。他最多只是接受、臣服于绝对。

一天下来，自然发现每个动作都在臣服。

至于“谁”在做这些动作？

不清楚。

他不会去追究，也不会去解释。该做什么，就做什么。他也不计较做的好坏，只是顺着每一个瞬间在做。

也就不知不觉，他滑进绝对的轨道。

但是，就是在绝对的轨道，他也没有任何领悟、任何体验可谈，会发现这本来就是最自然的状态。只要分析，就又是加上一个不需要的头。

听到别人讲自由、解脱、超越，他也觉得很奇怪，这些观念都是多余的。

是的，以前他也重视这些观念。然而，现在好像懒得或不觉得有必要再做任何解释。谈自由或不自由，好像是当时还在无明中，才会发现还有一个自由的状态可追求。

就这样，没有期待任何东西。不知不觉，自然会发现这个自由是他的根本态，是本质。

这么说，哪里还有自由或解脱可谈？就连非时间的永恒，都是可笑的表达。

因为他老早什么都不期待，老早在非时间的永恒，假如还要特意去想，也就回到了一个小范围打转。最有意思的是，连小我，都不需要去根除，因为小我本来就不存在。

什么都不期待，自然活在一个不允许“我”的状态。

什么都不期待，自然会发现一切又是颠倒的。

【练　习】 见证每一个习气，再加上否定

在前一个练习，如果可以看到每一个习惯、每一个嗜好、每一个惯性，甚至还可以改过来，你自然会发现，任何念头、任何动作其实离不开我们这一生的制约。或者说，离不开我们从出生到现在所累积的习惯或习气。

这么一来，我们自然会发现，不只每一个动作，就连每一个念头都是随时从潜意识浮出来的。我们不知不觉一再重复过去的习惯或模式，却一点都意识不到，还认为它是一个新的变化或新的观念。其实，都是重复再重复。

一个人假如可以从早一睁眼就不断观察自己，他自然会变成一个见证者。从早到晚，清清楚楚看着自己每一个动念、每一个动作。不需要带着批评或评判，不需要随时指正自己是对还是错。轻松地，只是观察。知道眼前所看到的一切动作，都跟真正的自己、一体不相关。

这时候，他可以不断地提醒自己——不是这个，不是这个。眼前观察到的任何东西，其实都跟真实不相关，都跟真正的自己不相关。样样，都可以放过，对眼前任何现象、再好的事、再不好的事、任何感受都不再有任何期待。心里知道任何念头、动作，最多代表小我，或说代表小我活出来的限制和制约。其实，真正的自己从来没有动过。

不知不觉，一个人就进入这个非时间的永恒，发现一天很容易过。

从早到晚，即使没有念头，身体还是要完成它自己这一生带来的一些任务。像是早上起来刷牙、上洗手间、洗澡、吃饭、坐地铁；到办公室，跟同事们讲话、办事；中午休息，下午再继续处理事情；晚上回家，坐地铁，走路；回到家，吃晚餐；晚上，休息睡觉。一整天，即使没有念头，这个身心

还是可以自己运作，而且运作得相当好，没有什么烦恼。

这么一来，自然会发现非时间的永恒其实是我们的本质，从来没有离开过。一个人清楚做一个见证者，自然会发现这个身心要完成的，还是会完成。没有念头，它还是可以运作，甚至可以做得更好。

我们也就不知不觉宁静下来，自然想拥抱沉默。和外围的人相处，话自然也变少了。别人从事什么嗜好或娱乐，和自己也不相关，就好像自己的价值观突然彻底改变了。

33

跨越时间

Going Beyond Time

我在《全部的你》曾经谈过人类的演化。在这里，我再次借用同一张图，但是区隔不同演化阶段的，最多是时间。

人类的发展或演化，从非时间走到一个时间被划分得很精准的阶段，让我们得到那么多突破和进展。接下来，倒不是要把时间停下来——停不了的。

如果真正还要做什么，最多也只是跨越时间，也就是不让时间成为我们的主人，不要把自己变成时间的奴隶——一天到晚后悔有没有更好的安排，或想刻意去转变时间的安排。

如果人类没有经过彻底的意识转化，表面上虽然文明愈来愈发达，而且速度愈来愈快，对时间的利用愈来愈紧凑，但是我们没有一个人会快乐。甚至，这种不快乐会演变到一个极端的地步，让我们最后毁掉自己。

从我的角度来看，大规模的意识转化根本不是一个选择，而是人类演化必然的结果。

很有意思的是，不去肯定时间的重要性，自然不会进入一个反弹的层面，一个人也就进入臣服的状态。

我在之前的练习提过，臣服，不是接受眼前不可避免的事情。臣服，最多只是接受真实，随时接受真实。真实也就是绝对，最多也只是化解眼前的状态。

一个人随时臣服，也就是接受非时间的永恒，或是接受绝对。这是唯一可以靠得住的生命的力量。他轻轻松松在任何状态下把注意力从相对挪到绝对，这才是臣服。

接下来，一个人假如还需要参，最多也只是轻轻松松地提醒自己——全部觉察的根源都是“我”，都是头脑的产物。“我”的根源虽然用语言表达不出来，但心会明白。也就这样把全部矛盾消失了，而不是还要去消灭“我”。事实上，也消灭不了。

很多人误解，以为臣服和参是对这个世界投降或还要去消灭这个世界。

这完全是错的观念。

懂了这些，自然会有一个超越时间的观念。我们知道，时间既是工具，又带来种种的限制，那就纯粹把它当作工具，用完了可以挪开，自然不会被它困住。

那么，要怎么去超越时间？

超越时间，其实不是在时间上运作。毕竟在时间上运作，是不可能的。时间就像水流一样，我们不可能用手去挡住，也挡不了，唯一可以着手的对象是“我”。

透过这两种提醒——臣服加上参，不断提醒自己“我”是虚的、“我”不存在，时间流或不流过去自然和我不相关。

“我”不存在，也没有“谁”会去在意时间是不是在流。没有时间的观念，也就代表没有“法”，自然没有世界。

任何观念，我们自然会体会到它其实不存在。没有一个永久的本质，没有任何东西在支持它。观念本身还是一个念相，而这个念相也不存在。

这样一直走下去。走到哪里，不去在意。不知不觉，就从时间的陷阱走出来了。

超越时间的状态，我们每个人生来就有。它不是透过我们才创出的全新理念，并不是本来没有，后来才有。它也不是一种独一无二特殊的存在（exclusive state）。

就像下页图所表达的，这种状态不是像左边一样是一种隔离的状态，而是像图右所表达的在清醒、做梦、深睡都有。所以，我才提醒——*turiya* 第四意识或醒觉这些名词本身还只是一个比喻，并不是说在三个状态之外还有一个单独的第四个状态。

这一点，我也担心读者产生误会。但是，因为要分享，避不开语言的限制，也只好沿用古人的表达先把这个概念带出来。

站在一体，前三种意识状态不存在，第四个状态也不存在，甚至连“一体”也不存在。

毕竟可以讲存在的，都还在一个相对的世界打转，最多是拿来比较和对照。站在绝对，这些知识、论述、辩论都是多余的。

绝对，跟任何事（包括做、时间）都不相关。

懂了这些，也就轻轻松松醒过来了，也就这样省掉数不完的烦恼、练习或冤枉路。

【练　习】　呼吸的见证（Be a Watcher of Breath）

经过之前的练习，轻轻松松做一个见证者，我们自然会发现念头减少，而念头和念头之间的空当也会拉长。这种空当，也就是非时间的永恒的体会。一个人会发现，没有念头，好像也没有时间可谈。

一个人的念头停下来，自然可以观察到很微细的动态，例如呼吸。

走到最后，人就好像跟呼吸合并在一起。吸气，吐气，都知道，很平静地好像看着呼吸，体会到呼吸，跟呼吸分不开，随时停留在呼吸跟呼吸之间的空当。

这本身，也就是非时间的永恒。

一个人自然会发现全部都慢下来——时间跟着慢下来，甚至好像没有时间的观念，也没有“谁”在做的观念。

虽然没有念头，好像样样还是可以继续运作——可以办事、可以吃饭、可以睡觉、可以讲话，但是自然没有“谁”在做。

讲到这里，你会发现——一切是颠倒的。

我们之前有许多练习好像是想透过这些练习达到非时间的状态，但走到这里会发现，其实只是一个心态的转变。

一个人突然体会到，非时间是最主要、最普遍、最轻松不费力的状态，而只要不断地领悟到这一点，自然会发现所有的练习好像都不重要，最多只是提醒自己有这个最普遍的状态。

但是，没有哪一个练习是关键。

假如领悟到这些，全部练习也就变成是多余的。

因为我们没有信心可以醒过来，才需要做那么多练习，包括呼吸的见证。假如有信心，老早就醒过来了，而自然会发现，眼前所看到的一切，包括呼吸，都只是幻觉或像个幻影重叠在我们的真实上。我们最多只是让它来，让它走。没有哪一个可以真正沾到真实的自己。

我才会说，醒觉比我们想象的更简单。只是因为我们认为需要“做”，才需要那么多练习，甚至是各式各样的练习。

走那么多冤枉路，最后，最多也只是——回到原点。

34

没有目的地，没有旅程

No Destination, No Journey

讲到修行，到最后，也就像跳上一列火车。

要去哪里？

不重要。

我们也不重视。

会花多少时间，我们也不去计较。

而且我们知道，还没有离开火车站，其实已经到了，因为这个出发点已经是最终的目的地。

我们还没有出发，已经到了。

假如你可以记得这几句话，而且可以完全活出来，你会突然发现没有一件事情是可以做的。

一切可以讲的，又回到了莎士比亚说的“much ado about nothing”，是从没有事中，生出好多事来。那非但是多余的、不需要的，甚至还会让我们不断迷路。

假如我们可以接受——我们所有的边界条件，现在刚刚好就是圆满的，那么也不用再去找其他的条件、其他的状态。我们最多只是接受，彻底知道本来就是圆满的，也就醒过来了。

不需要费力再去提醒或反省，不用再费力去臣服我们本来就有的或是去参本来就在的。

都不需要。

因为你最多知道——你就是它。

它是什么？

再也不用去分析了。

当然，再讲得更透明一点，它就是一切、心、道、全部。你就是它，从来没有离开过它。你只是不知道，才会走那么多冤枉路，而我还要用那么多篇幅在讲同一件事。

它就是那么简单——你还没有离开就已经到了，你才会质疑，才会认为不可能。非但要一生一生来不断重复，甚至还有一个统一场论或万有理论可谈，还有一个物理的追求——有宇宙、大爆炸、奇点、时间永恒或不永恒、绝对或不绝对的观念可谈。

全部，都是“much ado about nothing”——本来没有事，生出好多事来。

全部的追求，对你不光不会有帮助，反而还会绑得更紧。这些追求不只追求不完，而且会让人愈追求愈微细。表面上看来是愈完整，但这个完整其实带着更多分别，让我们从一个简单再简单的状态被带着愈来愈远。

不过，这么讲也并不正确。

其实，你哪里也去不了。你所去的部分最多是一个相对的小部分，只是你把这个部分当成了自己的全部。

我前面才会说这就像是“错误认同症”的病例——把你本来有的全部、完美的意识落在一个小角落，认为这个小角落就是一切。至于远远超过这个小角落一万亿倍以上的更大的部分，你却选择把它摆到一旁，甚至完全忽略。

当然，无论如何是不用担心的。早晚有一天，这不成比例大的部分会照明出来，反而把这个比例小的部分“吞”进去。

这才是最重要的物理定律。

如果还有一个万有理论可追求，这才是真正的万有理论。

会谈这么多，只是我舍不得看你还要经过数不完的冤枉路，还要迷路不知多久才能找到。我才透过“全部生命系列”用各式各样的方法，希望你这一生可以找到路，而且是你心中本来就知道的路。

别忘了，这路，是没有路标的路。

这条路，不需要你费力，连眨眼都不用就可以跳上去。

用速度来谈，比无限的速度还更快。在时间上，比一除以无限大的时间还更短。一点都不费力，也就醒觉了。

所以，醒觉不是透过任何练习，只是内心有个决心、有个信仰，让你突然知道，也就醒觉过来了。

你个人的全部经历、一路走来的旅程，跟醒觉一点都不相关。

你要醒觉过来，假如还有一个准备可以做，最多也只是——肯定和感恩。

肯定自己从过去走到今天，一切都是刚刚好，都在筹备你走到最后的一刻——醒觉。

感恩，是感恩一切。对全部这一生所遇到的人、遇到的事、各式各样的经过、好事、坏事都充满感恩，知道这一切发生是符合一个更大的蓝图。然而，这个蓝图是头脑所不能理解的，我们最多也只能透过感恩，臣服到它。

醒觉后，会突然发现——

什么都没有发生。

什么都没有经历。

没有东西可谈。

没有“谁”在醒过来。

但是，这个生命对你已经完全不一样了。

至于谁知道不一样了，都不重要。

一切，都不一样了。

【练　习】　参，没有答案的答案

前几个练习，我一直都在强调见证。然而，见证最多也只是轻轻松松不费力地观察，观察“我”所带来的念头、行为和动作，以及周遭由“我”投射出来的一切现象。

这种观察本身站在一个更大的架构看着这世界，让我们能最有效率地踩刹车，同时让我们提醒自己不要完全投入在一个狭窄的框架而忽略了意识绝对的部分。

一个人不断地做见证者，但偶尔还是会发现有念头来，打破这个见证，自然开始去描述、去形容、去解释。

这时候，就用“参”——

为谁，还有这个念头？

谁还在做分别？

谁还想形容、想描述、想归纳、想解释？

为谁，有这些情绪、感受？

当然，答案不断地是——“我”。

那么，“我”又是谁？

参下来，自然会发现“我是谁？”这个问题没有答案。怎么找，都找不到答案。

假如还有一个来源可谈，还是“我”。

假如有一个结果可谈，一样是“我”。

“我”，是一个走不出来的循环。

“我”是全部存有、一切念头、所有头脑产物的来源。然而，“我”却是一个走不出来的循环。

“我”怎么来的？

其实没有答案。

透过这个很简单的方法贴着“我”，并不会抵达某个地方，因为根本没有地方可以到。我们最多是体会到，“我”和真实是两个不同的意识轨道。这两个轨道是不相关的，一个是局限，一个是无限。这样，我们自然会发现：“哦！有一个无限大，而我随时把它忽略掉了。”

这时候，一个人就轻轻松松做“我—我”的静坐——*Soham*或“我—在”的静坐，最多只是提醒自己这个“我”和大我其实不相关。

大我，或真实，也就浮现出来了。

也只是不断提醒自己——

我跟这个宇宙、跟无限大的意识，其实从来没有分手过。除了这个无限大的意识，什么都不存在。没有“我”，没有“你”，好像来不及有这个空间。

这个宇宙，这个无限大的意识，本身就是圆满的。每个角落都塞得满满的，没有一个空间给“我”或“你”或“他”。

也就这样不断练习，透过大我随时提醒——

“我”不存在。

“我”带来的全部世界的观念、分别心，都是妄想。

站在大我，没有时间的观念，没有“我”，也没有妄想可谈。

这样，一个人就自然会宁静。

第 2 章有一张图，一个人在好奇——如果把手伸进黑洞会怎么样？也许，你到现在还是很好奇。

当然，你我都不可能体验黑洞。我也只能说，假如用物理的黑洞来谈，没有人知道答案。

然而，黑洞跟所有观念一样是头脑投射出来的。有黑洞，是因为有我们。我们局限的脑，想投射出框架之外的世界。所以，自然拿黑洞当成一种联结或通道。

但是，假如我们把黑洞当作过去所谈的专注的奇点，那么这个答案就很简单。一个人，透过奇点或停留在奇点，自然会发现不光没有时间的观念，还可以轻轻松松进入非时间，连“我”都起不来，甚至早晚消失。而且，不光是小我起不来，你、别人、世界、其他、任何东西也都跟着消失。

我指的消失，不是那个“体”消失，而是消失那个“体”的坚固性。

我们自然会发现，本来很坚固的一切，包括一切听到、感受到、活出来的，都好像成为一个幻影，跟我们真正的自己重叠。而真正的自己，并没办法用语言表达，因为所有的表达都带来一个限制。

回到手的比喻，就像章末的图，我们还是会看到一只手好像从黑洞出来。但是，这只手没有主人。它动，它比出一个很棒的手势，也好像跟“我”一点都不相关。

我们也自然会发现，它本身是业力的组合，有它的一个周转必须活过。我们最多只能让这只手、这个身体、这个“我”活过它这一生来想做或已经注定要做的。

但是，我们可以清清楚楚区隔，这一切跟我们真正的自己都不相关，或者一点都不成比例。两个在不同的轨道，我指的，是意识的轨道。

虽然我在这里用黑洞或奇点来谈，然而，我也在这本书里不断地提醒，其实，连奇点的观念，甚至连时间或非时间的观念，都一样只是头脑的产物。

我们透过每一个瞬间其实随时可以活出奇点（假如还有一个奇点可谈），而活出这个奇点或非时间一点都不费力，甚至跟我们真正的自己完全不相关，因为我们真正的自己随时都在非时间。

到这里，还有一个非时间可谈，因为任何表达还是需要借用相对的语言或逻辑。所以，我最多只能透过“奇点”“非时间”这样的用词稍微点到它自己。但其实，没有任何一句话或观念可以彻底表达它。只是希望我们局限的脑可以理解这些话，才冒出一个“非时间”的观念。

懂了这些而彻底可以活出这些，一个人就自由起来了。奇点或非时间随时在眼前，全部矛盾也就跟着消失了。

35

时间到了

This is the Time

前面谈过，没有完美的时机。我在这里，要分享另一个大的秘密。

一般人年纪愈大，愈把这个世界看得坚实，就好像活了一辈子，全部头脑的回路都已经建立完整，所有的运作都落在现有的回路里，很难创出一个新的回路。

所以，要让年纪大的朋友去学习新的领域，包括语言，难度相当高。不知不觉，他又会回到一个固定的框架，很难有空间让新的回路可以扎根。

过去，我也很少跟年纪大的朋友分享全部生命的理念，因为我知道——假如一个人在二元对立活了一生，甚至认为自己在某一个领域很成功，要他为新的理念开启一个窗口，这样的机会可以说几乎不可能有。

确实如此，自从开始写“全部生命系列”，我也发现年纪大的人质疑反而比年轻人更多。

这是难免的，我本来就知道会是这样的。

但是，我这次会鼓起勇气选择出来，是因为一个很不一样的情况——地球的频率和人类一样正在加速上升。前面也提过，我虽然说“频率”，但这个词其实不是正确的表达。与其说“频率”，更应该说是一个螺旋场，是人类累积所有信息的总和，也可以说是一个意识的网格或意识场。

和以往不一样的是，人类的信息场和意识场频率正在加速上升。

举例来说，我们透过网络和社交媒体，人与人、社会与社会之间链接的速度愈来愈快，也就在加快这样的信息场和意识场。

这种加速蹿升的速度是指数性的，远远超过直线性的加速。这五十年来，意识场变化的速度比过去几百几千年还快。而这五年，又比过去五十年所累积的更快。也可能未来的一年甚或半年，都比前五年的总和更快。

我相信有计算机、信息、人工智能、算法专长的朋友，读到这个观察，一点都不会惊讶，这本来就符合科技变化的趋势。虽然这样的变化在无数层面带来同时多任务处理的能力，让生活步调可以加快，但是也带来一个很有意思的现象——把我们全部的注意力集中在头脑，甚至同时执行两三种还嫌不够，最好要能同时处理四五种以上的工作。一般会认为这是人工智能的优势而把它当作是人类了不起的发展。

让我用这张你已经熟悉的图来做比喻，把左下到右上的光流当作一体或绝对，而从光流往外分支出来的就是一个个相对的世界。这也就好像我们从一体、绝对化出一个相对的世界，而又从相对的世界不断去做分别。透过不停演进的分别，不断增加相对的聪明，而且速度愈来愈快。

但是，快到最后，能走到哪里？

在人类的想象中，当然是愈走

愈快，也就愈进步。但是，我个人的体验并不是如此。从一个相对的范围往下走，再怎么发展也是有限的。这条路走到最后，是不通的。

然而，也没有关系。只要分别愈来愈快，也就造出一个奇点，自然会跳出时—空，回到一体。

就像这个图案所表达的，从绝对可以延伸出来相对。相对地，无论走到哪里，就算表面上看来无路可走，也从来没有离开过绝对。就像这张图，绝对的光，在相对的任何一个角落都可以自然照出来。

我们最多可以这么说：一体随时想把自己找回来，或是一体随时想活出它自己。除了它自己是真实、是永恒，接下来，没有别的体可以称为是真实、是永恒。

假如不是这样，没有一个东西叫作解脱，也不可能有一个工程可反复。

我所说的，也许跟时下专家想的都刚好相反——我们发展到最后，人类会跳出时—空，回到一体。未来的人和现在的人的不同就在于醒觉——*turyia*、第四意识、一体、在、道、绝对、空。

可以说，要让我们准备好的方法，就是这快速的分别与变化。我们透过快速度进入一个很大的危机，随时觉得跟不上，没有安全感。然而，这表面的危机反而带给我们跳出时—空最好的机会。

从时间的角度来谈，古人的步调很慢，人类心理层面的时间也是缓慢的。但是，经过几十年乃至近百年来快速的发展，我们的心理时间已经发展到极端的快，快到本身接近一个奇点。这也就准备好我们，刚刚好可以超越。

倘若不是如此，我绝对不会选择在这个时候出来，去面对一场赢不了的战争。这非但给自己造出不需要的麻烦，也给周遭的人带来数不完的冲击。就是因为我知道时间刚刚好，不光“全部生命系列”带来一个拉动的力量，甚至地球、宇宙的变化也有一股推动的力量，好像非叫我

们醒觉不可。

到这个时间点，一切也就是刚刚好。无论透过数学、物理学、心理学、社会学、哲学、宗教……任何领域都可以把绝对的观念贯通，都可以互相支持，没有留下一点让理性质疑的空间。

然而，哪怕讲的再透明，你可能还是不相信，还宁愿选择反弹，甚至还想设法去消除它。

我在这里以最诚恳的心情，希望能再一次表达——但愿你我能掌握这个机会，搭上醒觉的缆车。倘若落后了，谁知道下一次机缘成熟让你会动念想去追求、去练习，又是什么时候?

也许，这是我个人的期待——就是因为我们大家做一个集体的反复工程，说不定能让醒过来的人达到一个关键的数量。进而，建立更完整的意识网格。不光是信息，而是超越任何信息的绝对意识的网格把地球包起来，甚至透过我们的联结，能让地球的频率更为提升而完全改变地球的命运。打个比方来说，就像从幼儿园的等级，跳到大学甚至研究所以上的等级。

当然，这种说法最多是比喻。

我指的是，地球，其实有很重的因果在拉扯。只要投生到地球，过去全部的记忆都会失去，完全要从头再来，很可能再次被绑紧，甚至从此被困住。

或许会有那么一天，来到这地球的我们会是完全贯通的。过去活过的所有生命都记得，自然跟一体分不开。甚至，连最高等的灵性生命，都会选择来地球重生。

也许我这一生不见得能亲眼看到这个结果。但是，谁又晓得呢?

【练　习】　在非时间，还需要臣服与参

一般人往往不是彻底回到非时间的永恒，而是有时候有、有时候没有。我们自然会发现念头还是断不了，有时候还是会起伏。

这时候，还是要不断地臣服、不断地参、不断地把自己交给绝对。

随时提醒自己——有念头的人，是谁？

这样一路走下去，会发现非时间的状态自然会浮出来，而浮出来的时间会愈来愈久。甚至，有一天，变成全部。

这时候，我们才可以彻底体会到时间最多只是一个工具。我们透过时间，可以妥当地安排、进行工作，用完了，也可以轻轻松松把时间挪开。这样一来，一个人再也不会被时间困住。

当然，这时候，假如还有一个非时间或解脱的观念，还是要不断地参——还有一个非时间、解脱的观念的人是谁？

答案最多是——我。

当然是我。

是我认为还有一个非时间的状态可谈，是我认为还有一个解脱的状态可分享。

那，我又是谁？

当然，有少之又少的人，可以在很年轻的时候突然跳到非时间的永恒，再也不离开了。

对这些少数的人，这种转化不光是突然的，而且是彻底的。他们自然会体会到全部的练习，包括“全部生命系列”那么多篇幅所讲的，都是多余。

不光是没有练习可做，而且，全部的练习都额外带来不需要的难度。

本来，醒觉、非时间的永恒是不费力的，是最根本的状态，哪里需要用“参”或是其他的功夫来找？

虽然如此，我还是建议，假如你不是属于这少之又少的几位，那么还是要很谦虚、很诚恳地采用这本书和其他作品带出来的提醒，也就自然会发现这一生会截然不同。

36

真有“未来的人”吗

Is There Such a Thing as a Future Mankind?

前一章提到，未来的人和现在的人的不同就在于醒觉。我担心，这种表达，又带出一个不需要的悖论。

毕竟，“过去—现在—未来”这种说法，包括之前谈到的时光旅行，还是离不开我们头脑的运作。而且，谈“未来的人是醒觉的”又好像随时在肯定这就是人类的现实，仿佛站在整体不光有人类、不光有发展，还值得让我们去分析或期待。

是的，没有错，假如我们继续昏迷地演变下去，确实“有资格”谈未来或未来的未来，来延续我们头脑的作业。但是，一个人只要突然体会到非时间的永恒，也就发现——全部这些作业，跟真实的自己一点都不相关。

从真实的自己或非时间的永恒来看，人生其实就是一场梦。要谈未来，最多只是延长这场梦，本身没有什么意义。

我们并不需要去期待未来是不是可能有其他的星球、其他的众生，或是未来的人类会比现在更发达，更不需要去等待一个未来的救世主。

这些，都是没有意义的。

在这个局限的世界继续演变下去，最多只可能分别愈来愈极端，到最后逼我们没有第二条路走，非醒来不可。

所以，我选择这时候出来，把这些作品交代出来。因为人类的分别心已经到了一个极端的地步，表面上看似发达进步，可以活出人类全部的可能性，把任何想得到的都呈现出来，包括从科技发展带来不可思议的方便和体验，以及透过医学发达，让寿命无限延长。这些，都可能。但是，到最后还是找不到快乐，总会觉得少了什么东西。

可以说，人类的发展到了一个最后的阶段。样样可以想到的都可以形成，但还是没办法找回生命的全部潜能。人活着自然会觉得空虚、没有成就。

从整体看，当代所谓的发达和进步最多是将全人类带到一个愈来愈窄的角落，而把五官不断产生出来的虚拟现实当作真实。就像我们透过人工智能不断地整合信息，甚至可以反过来透过头脑的延伸让感官认为真的看到、体会到了，也就好像在不断地肯定一个自己支持自己存在的世界。然而，这个世界全是虚拟的。

一个人假如彻底醒过来，会发现所有的观念，包括这一生所累积的知识和全人类透过历史累积的知识，其实都不存在。整个知识体，最多是一个自己肯定自己的封闭系统。透过这些知识是跳不出来的，更不可能让人体会到，在这个瞬间有无数的宇宙同时存在，就在这个宇宙有数不清的众生共生存，而这些众生一样地都还有它的虚拟现实，早晚也都要醒过来，回到一体。

这么一来，我们其实不需要一个线性的历史观念，不需要为了“大爆炸”到“未来”的过程应该如何演进而争论，甚至还为此建立数不清的理论。

我们会真正发现时间是幻觉。

过去，未来，其实都是幻觉。

如果有一个东西真正存在，最多也只是现在。

但是，“现在”怎么存在，跟我们想的会完全不一样。

毕竟，只要可以想，已经把非时间的永恒，落入可以被人类掌控的范围。

【练　习】 *Netti Netti*（不是这个，不是这个）

前面几段话其实已经带出一个彻底的练习，也就是我们随时体会到——没有过去、没有未来、没有现在。

至少，不是我们可以想象的现在。

我们也会同时发现，这一生，从小到大到离开这个世界，我们可以学到、可以想到、可以延伸出来的观念都不断在局限我们，限制我们的自由。

如果彻底懂了这些，我们自然可以活出《我是谁》所带出来的这个练习——不是这个，不是这个。也就是说，我们可以随时轻松地提醒自己——任何眼前可以体验到的，都不是真实。

不这么做，我们头脑的回路老早已经建立，自然有一个潜意识的回路比我们想象的更快。举例来说，有时候我们会发现心里好像有个伤口，没有安全感，感觉恐惧。这是怎么来的？其实是因为潜意识在线性时间的运作，比我们想象的都快。所以，用 *netti netti* 也是提醒自己——任何反弹，都不是真正的我，都不是真实。

什么是真实？

不可能用任何语言或念头可以描述。

一个人从早到晚，从睁眼到入睡都可以做这样的练习，其实最多是提醒自己——不是这个，不是这个。

提醒着，自然会冒出一个问题——

What is? 什么才是呢？

这时候，只可能有一个答案——

I Am. 我是。我在。

然而，这个“我”不是小我，是大我。

是全部的我。

一体的我。

我，就是它。

用这种提醒，我们可以轻松、坦然地面对一生所有的现象，包括认为自己开悟、懂了、领悟到了，这时候还要再提醒自己——

不是这个，不是这个。

那，是什么呢？

没有答案的答案，就是你的答案。

37

随时在非时间的永恒

Abiding in the Eternal Timelessness

一个人随时在非时间的永恒，真正活在当下，完全在宁静，也只是不断做见证、不断清清楚楚看到小我。小我也就自然萎缩到一个非时间的状态，或者说让非时间的永恒重叠到“我”的根源。

一个人要把“我”的根完全去掉，相当不容易。一般是透过参、不断地参，完全跳到无我的状态，而把“我”的根断掉。

然而，要把“我”的根断掉，还有一个更简单的方法，不是靠一个人自己费力练习，而是古人早就知道的——跟圣人、上师或老师接触。我在《我是谁》也提过 *satsang*（与真实同在）、西方基督教的 communion（共融）。

为什么?

圣人老早没有“谁在做”的观念，然而还是会跟周遭的人不停地互动，让人体会到这个“动”是从心带出来的。透过这样的互动，圣人的心照亮周遭。或是反过来说，我们体会到圣人的“动”，不知不觉也就跟着直接回到心。

这种接触，是透过生命最直接的动力。然而，它是一个没有“谁”

在做的动力，是最单纯的“动”。从古到今的圣人都晓得这是最不费力的方法，比起自己一个人在参、在做，都更直接、更有效。

当然，过去也谈过，这样的老师可能是每个人自己的心，也可能是一朵花、一块石头。

但是，我们有肉体、有习气，包括语言、文化、人类带来的习惯，只是我们自己身在其中意识不到。如果一个醒觉的人过去也完全有这些习气，而这些习气完全断除了，我们比较容易跟着发现——虽然表面上还在做、还在动，但是并没有一个“谁”在做的观念。

我们随时接触到这样的动力，也就跟着一起被心吸收掉了。

禅宗的六祖慧能，第一次见到五祖时已经老早证到空，所以智慧不断从内心涌现。但是，“我”的根还没有完全消失，偶尔还是有“我”浮出来。或者说，从空到动还是有一个质疑，会感到矛盾。

两个人第二次见面，在五祖房里。六祖突然体会，知道“动”和“不动”没有矛盾。从“空”可以衍生出“有”，从“有”可以衍生出“空”，从来没有矛盾。也就这样，大彻大悟。

我们仔细领会六祖的法，自然会发现他其实没有任何方法，也不讲究任何练习，最多是把弟子随时带回最高的真实。这样，我才会称“没有方法的方法”“没有道的道”“无为的为”。

然而，他的顿悟已经透彻到一个地步，其实是一体透过他照明这个世界。当时的弟子只是跟他接触，倒不是去理解什么或学什么，也就产生了生命的转变。这样，六祖才可以把禅完全打开，在世时让无数的众生、数不清的修行者得以成就。

佛陀、耶稣、老子……也是如此。只是，随着时间过去，一代代传承下来，后来的弟子反而把这个没有法的法建立成一个系统，稀释了传承的力道。

虽然六祖传下来的禅，后来又分成了几个主要的宗派。但是，坦白讲，这些宗派的力道已经不像六祖在世时那么广大。这就是前面提到的——*satsang*，与真实同在的力量是不可思议的大，而且是头脑无法理解的。

前面谈到六祖大彻大悟，最多也是彻底体会到平等心——样样都是平等的。

空，跟有是平等。

在，和做是平等。

心，跟外是平等。

思，和无思是平等。

时间，和非时间是平等。

也就这样，一个人自然进入在·觉·乐，活出全部的宁静。

假如还有一个联结可以谈，我最多只能说是极度的快乐、极致的欢喜（bliss out），这个大喜乐就是一个“在时间之外”的观念（time-out），也就是非时间的永恒。

站在这个角度来谈，“全部生命系列”的作品，包括这本书，最多是希望把你交给一位好的老师，带着你走下去。

走到哪里？

让我再重复一次——

倒不重要。

结 语

Epilogue

我把“全部生命系列”当作一个反复工程，主要的原因是，这个系列要传达的跟一般人的认知完全不同——是什么都不用做，甚至，只要做，又迷路了。

我才会说，这里想谈的，跟所有人想的都是颠倒的，是反复的。

然而，这个反复的状态，会是我们未来最普遍、最根本的状态。其实，用状态这两个字去描述，又限制它了。甚至，连“反复”这两个字，也又加了一个不需要的限定。

一个东西，本来就有的，并没有什么反复或是状态可谈。有意思的是——透过这种解释、这种领悟，什么都没有发生，然而你我可能脱胎换骨，非但改变我们的人生，同时也把整个地球、宇宙做了变更。

但是，改变的，其实不是世界、宇宙，最多只是我们自己。更正确的表达方式是——看穿了我们自己，整个世界就跟着不一样了。

我充满着信心，也许在这个肉体的生命还在的时候，我可以亲眼看到大规模的醒觉。但是，谁又晓得呢？

这不是我们可以规划的，也跟时间早晚一点都不相关。该醒觉的，一点都挡不住。跟我们每一个人，一点关系都没有。

虽然一点关系都没有，一切都是注定的。我总是抱着希望——但愿前面所表达的，成为最后的注定，会是最后的结果。

你看看，这些话，是不是又带出来悖论？

不管是不是悖论，我在这里还是要为你加油。希望到最后，无论透过哪一个切入点，都能把你自己——真正的自己，找回来。

我等着那一天，可以跟着你一起来庆祝。

庆祝什么？其实我也不知道。最多，我只能说——为你高兴。